刘勃　主编

非物质文化遗产学术研究

亲历者口述史系列丛书

乌丙安　口述

刘勃　编撰整理

乌丙安回忆录

中国文联出版社

图书在版编目（CIP）数据

乌丙安回忆录 / 乌丙安口述；刘勍编撰整理． --北京：中国文联出版社，2023.6
（非物质文化遗产学术研究：亲历者口述史系列丛书 / 刘勍主编）
ISBN 978-7-5190-5181-5

Ⅰ．①乌… Ⅱ．①乌… ②刘… Ⅲ．①非物质文化遗产－保护－工作概况－中国 Ⅳ．① G122

中国国家版本馆CIP数据核字（2023）第 087414 号

口　　　述	乌丙安
编撰整理	刘　勍
责任编辑	王柏松　牛亚慧
责任校对	赖书虫
装帧设计	春天书装

出版发行　中国文联出版社有限公司
社　　　址　北京市朝阳区农展馆南里 10 号　　邮编　100125
电　　　话　010-85923025（发行部）　010-85923091（总编室）
经　　　销　全国新华书店等
印　　　刷　三河市龙大印装有限公司

开　　　本	710 毫米 ×1000 毫米　1/16
印　　　张	15.5
字　　　数	163 千字
版　　　次	2023 年 6 月第 1 版第 1 次印刷
定　　　价	38.00 元

版权所有．侵权必究
如有印装质量问题，请与本社发行部联系调换

《非物质文化遗产学术研究——亲历者口述史》
系列丛书

总 策 划：刘 勍
总 编 撰：刘 勍

专家委员会

顾　　问：刘锡诚
主　　任：白庚胜
副 主 任：邢 莉
成　　员：刘晔原　萧　放
　　　　　江　帆　侯仰军
　　　　　王锦强　白旭旻

2017年，乌丙安教授指导刘勍修改书稿内容

2018年1月，乌丙安教授获得"中国文联终身成就民间文艺家"荣誉称号

2008年,乌丙安教授在"我们的节日·中国传统节日(寒食节)研讨会"上发言

2007年6月,乌丙安教授参加"非物质文化遗产保护中的田野考察工作方法研讨会"

2011年，乌丙安教授在苏州考察民俗活动

2017年，乌丙安教授在学术会议期间为学生讲课，气氛热烈

| 总序 |

沿着先行者的道路前进

2019年是中华人民共和国成立70周年，在举国欢庆祖国母亲70华诞的热烈氛围中，十分高兴和荣幸于此时推出《非物质文化遗产学术研究——亲历者口述史》系列丛书。

迈入21世纪，凝聚了无数人的心血和奉献的非物质文化遗产保护成为举国上下努力的伟大文化事业。为了体现国家对优秀传统文化的重视态度和支持力度，展现我国非物质文化遗产保护从无到有、从有到优的艰辛历程，本丛书以开阔的视野、翔实的资料、全面的内容，力求立足学术理论、口述历史、大家角度，为读者讲述亲历者宝贵的非遗保护经历和故事。

非物质文化遗产是历史文化的重要载体。加强非物质文化遗产的保护、研究具有提高民族向心力、促进国家文化繁荣的作用。希望丛书成为我国传统文化伟大复兴的见证，成为我国抢救、保护非物质文化遗产浩然事业的一部恢宏记录，成为我国五千年文明历史所遗留的优秀传统文化在当代传承、发展的图卷。在本套丛书出版之际，我谨代表为丛书倾注心血、殷殷期盼的口述人，以及给予本书理论支持的学术委员会所有专家学者，以此出版成果祝福祖国繁荣昌盛，祝愿祖国优秀传统文化事业永葆青春。

以往·当下

我国拥有 5000 余年深厚的文化底蕴，是世界上唯一不间断文明传统的历史文化古国。中华民族是一个由多民族融合为共同体的民族。黄河流域是我国文明的发源地，农耕社会是我国非物质文化遗产的摇篮。在这片肥沃富饶的土地上，优秀的非物质文化遗产滋养中华民族一代又一代生机蓬勃地成长。因此，保护、传承、发展祖先留下的文化宝藏是每个中国人与生俱来的责任。

党的十八大以来，习近平总书记多次提出弘扬中华传统文化的重要性。他坚信："一个民族的复兴需要强大的物质力量，也需要强大的精神力量。"2019 年 7 月，习总书记在内蒙古自治区考察调研时，观看了史诗《格萨（斯）尔》说唱展示，并与《格萨（斯）尔》80 多岁的非遗传承人亲切交谈。他指出：党中央支持和扶持非物质文化遗产，要培养好传承人，一代一代接下来、传下去。

中国传统文化是中国文化软实力的内在支撑。在国家层面重视传统文化的语境下，非物质文化遗产、民间文化等相关领域得到了空前关注。多年来，国家在优秀传统文化，尤其是非物质文化遗产方面重点部署、持续发力。之所以如此重视传统文化和提倡文化自信，是由于文化承载着历史，传承至今成为一种文化传统，基于其过程则称为传统文化，我国具有丰富而深厚的传统文化资源，这是中国人为之自豪的民族基因和取之不尽的祖传宝藏。非物质文化遗产具有无形的、可传承的性质，使它的生命与它被接受的程度紧密相连。保护非遗的目的在于传承和弘扬中华优秀传统文化，其最终指归是民众自觉，文化自信，民族自尊，国家自强。

多年的耕耘，使我国非物质文化遗产的保护成效显著、硕果累累。我国列入联合国教科文组织非物质文化遗产名录（名册）的项目共计40项，总量位居世界第一[①]。国务院公布了我国四批共计1372个项目的国家级非物质文化遗产项目名录。国家文化主管部门先后命名了五批共计3068人为国家级非物质文化遗产代表性项目代表性传承人。文化和旅游部在我国各地设立了7个国家级文化生态保护区。

随着我国非物质文化遗产保护工作的稳步推进，保护重点也在不断变化。近年来，非物质文化遗产保护的重点和难点在于：完善非遗保护的机制，加强非遗保护法制的细化，进一步加强非物质文化遗产的学术意义和学科建设……我国的学术发展和理论建设一向受到国家的重视。习近平总书记强调："必须高度重视理论的作用，增强理论自信和战略定力。"可见，非物质文化遗产保护更要考虑到振兴理论、复兴文化的时代重任，也有着迫切需要

---

① 截至2019年12月底。

和现实意义。

大家·传承

　　学术研究应该在现实发展之前沿统揽全局，对于"非物质文化遗产"这个"年龄小的老同志"来说，我国"非物质文化遗产"学科建设和学术发展需要更大空间的提升。这其中的很大原因是我国非遗的丰厚复杂，给学术研究增加了难度。非物质文化遗产是一个多学科交叉的学术领域，包含"民间文学""民俗学""民间艺术"等学科，我国的非遗理论专家也是从相应研究的学科和方向集合而来。若使非遗学术理论成为保护非遗的依据和支撑，需要加强学术研究、学科建设和涉及交叉学科的互动，丰富学术科研深度，才能更好地以理论指导实践。

　　新中国成立70年以来，老一辈传统文化研究专家、学者见证了非物质文化遗产的兴衰变迁，同时他们凭借自身的学术积淀、理论水平，促进着学科的发展。本丛书请到乌丙安先生、刘魁立先生、刘锡诚先生为访谈对象，他们是民俗学、民间文学、民间文化领域著名专家学者，皆为国家非物质文化遗产保护工作专家委员会的专家，并都获得了"中国文联终身成就民间文艺家"荣誉称号，是公认的学术大家。他们凭借丰富的学识和深厚的底蕴，为非物质文化遗产的本土化落地实施建言献策，为非遗的学术理论研究做出重要贡献，是我国非物质文化遗产的学术奠基人。

　　参照我国已推出的非物质文化遗产传承人的概念，非遗传承人是指掌握非遗技艺，凭借自己的习得、经验和创新、传承非遗的人。站在研究的角度上，专家学者对非物质文化遗产的原理、规律进行剖析、研究，对学生和后辈的教授和指导，也是一种传承行为。所以，专家学者既是非遗的发声人，也是非遗的传承人。没有他们的呼吁和鉴定，非物质文化遗产不易被挖掘和保护。没有他们的研究和教授，后辈很难学习和领会到非遗的重点难点和其中奥义。作为研究者，我们的目光汇聚在传承人身上的同时，也应该投入具有几十年研究经验的非遗学者身上。因为他们具有敏锐的目光和丰富的保护经验，他们是非物质文化遗产保护的呼吁人和先行者，他们为国家层面保护非遗建言献策，他们促进了非物质文化遗产更好地传承，通过对他们的口述史研究，能够进一步加强非遗保护的理论水平和实践高度。

缘起·始末

我在初出茅庐之时进入中国民间文艺家协会，得到了许多与学术大家、文化大家交往的机会。他们的帮助和提携，加速了我的成长；他们的谆谆教导，成为我人生成长中珍贵的养分。一直以来，我想将这种感受分享给更多的朋友，使更多年轻一代有听"大师说"的机会。所以我在心中埋下了"向大家学习、向经典致敬"的种子。

本书从 2016 年春节后开始策划，在未开展之前就得到了学界许多著名专家、学者的支持和帮助。2017 年初，在多方面设想和筹备下，开始相关工作的开展。2017年4月，书籍项目组召开了隆重的启动仪式，成立了"专家委员会"。几年的成书过程中，为了保证书籍的学术眼界和质量，不断地召集学术研讨，听取专家的意见，及时修订书中内容。源于对本书的肯定，通过多家媒体跟踪报道，项目有幸获得了社会和学界的颇多关注。

前文谈过，非遗学者是非遗学科的亲历者，也是非遗的"传承人"，更是非遗学术的代言人。目前，本丛书选定非遗保护、研究领域的老一辈专家学者乌丙安先生、刘魁立先生、刘锡诚先生为对象，我有以下考虑：

其一，他们是非物质文化遗产研究领域的学术大家，不仅是第一批投入非遗研究的人，也是非遗学科发展的见证者，拥有丰富的保护经验及前瞻性的理念和观点。他们的身份和意见具有重要的意义，他们为非遗保护做出的贡献应该被铭记。其二，也是重要且迫切的原因，这几位德高望重的学术大家均已到耄耋之年，我们将目光落在保护非物质文化遗产的同时，也要将目光落在保护非物质文化遗产的人身上。几位大家多年的学术积累是非物质文化遗产学术研究的主要铺垫，应该把他们的人生历程和学术思想记录下来，进行"抢救性"学术保护。

基于此，本书坚持以人为本，将研究建立于学者本身，围绕着他们的人生历程和学术思想，本着"忠实记录"的原则，以他们的理论高度和宏观视角为基点，以他们的研究成果和保护经验为着力点，展现他们的个人经历和学术历程，着重体现了他们参与非遗保护、研究的经历，以及非遗研究的学术观点和体会。结合文本资料，运用口述史学的方法研究非遗的学术历史和发展，总结和提炼具有现实意义的非物质文化遗产保护特点和传承措施。

本套丛书一共四册，约80万字。丛书策划别具匠心，既包含了几位学术大家各自的口述分册，也设置了资料文本研究的非遗学术分册。口述分册从他们各自的角度为读者讲述和介绍了我国非遗保护的艰辛历程和不为人知的故事，解答了很多非物质文化遗产研究的关键问题。学术研究分册总结了非物质文化遗产的阶段性发展，梳理了我国20年非物质文化遗产保护实践工作的历程。《中国非遗保护与研究20年》作为本套丛书的首册，意图起抛砖引玉之用，是对我国非遗保护实践20年的整体研究，对保护经验进行了提炼，既可以成为口述分册时间、事件线路的对照和说明，加深读者对我国非遗保护足够的了解和印象，也是本套丛书的导引，精确对口述史非遗学术研究的定位。而后重头戏是口述内容的分册。分册以刘锡诚先生、刘魁立先生、乌丙安先生为先后顺序，每人一册，清晰、全面地展现了他们不同的人生经历和共同的学术奉献。

本套丛书历时3年余完成，历经了多重困难和突发情况，可谓一波三折。口述部分文字展现给读者达50余万字，实际搜集、整理的口述资料则超过了60万字。本书最终的体量和成果，是我最初策划时不敢想象的。虽然丛书做到了和时间赛跑，及时采集了几位非遗大家的学术理论观点和保护经验，但十分遗憾的是，乌丙安先生在留下珍贵的口述资料后突然辞世了。他的离开是民俗学学界和非遗保护领域的巨大损失，更是本书的遗憾。虽然已经采集下乌丙安先生生前宝贵的非遗口述资料，然而我还是觉得着手太晚，为乌先生做的太少，所以唯有更加认真谨慎。《乌丙安回忆录》将作为他最后一本口述史遗留，虽然乌先生不能看到图书的出版，但我坚持推出，我认为这是他学术生命的延续。

几位学术大家饱含热情、一丝不苟，为本套丛书的质量和高度筑好了第一道关卡。我则是为这套丛书守卫的士兵，成书过程中，我经历了设想、计划、实施、整合、处理、编辑、研讨等阶段，事无巨细，不厌其烦。本着精益求精的学术态度和要求，秉持着不变的初衷，难度不断加大，要求不断提高，内容一再完善、补充，最大限度地提高了本套书的容量和质量，增强了可读性和学术性。在几位大家耐心的支持、帮助下，我努力坚持下来，克服重重困难，精雕细琢、呕心沥血，最终完成全书。

未来·我们

2000年至今，联合国倡导、各国积极响应的非物质文化遗产保护工作在全球范围内愈发重要。非物质文化遗产概念的出现使人们认识到，非遗与人类、非遗与自然、非遗与历史等范畴息息相关，非物质文化遗产的保护是人类发展进步的必要阶段，也将是长久的文化命题。放眼国际，我国是非遗资源大国，做出了中国榜样。矗立国内，非遗保护形式越发丰富，成果越发丰硕，并且，在非遗保护实践的推进中，各项方式方法、目标和问题不断完善、强调、修正，未来前景一片大好。

经历了举国上下积极保护非遗的20年，非物质文化遗产在我国已经成为一个知名的文化名词，具有强大的明星效应。通过大力宣传、推广非物质文化遗产保护工作，带动了优秀传统文化范围内各种类别和形式的发展，如传统戏曲、曲艺、工艺等，使得"老传统"在新时代再一次焕发了生机，促使国人在非遗文化大潮中增加了对优秀传统文化的认识，提高了文化自信。

当下，我们正处在非遗保护的平缓期。进一步总结非物质文化遗产保护的经验教训，将是未来开展保护、发展非遗的重要工作之一。谈到发展，就要谈到两个问题，一是均衡，另一个是可持续。立足我国已经取得的非遗保护工作成绩：例如出台《中华人民共和国非物质文化遗产法》（下文简称《非遗法》）、建立起国家—省—市—县四级保护名录、命名了五批共3068人的国家级传承人、设立国家文化生态保护区等宝贵的有效的经验，在国家层面的大力推动下，我国非遗保护体系完成了框架性和结构性的建设，正在逐步进行内部支撑的锻造。虽然完成了方向和路线上的定位，但仍有不少未经注意的、细节处的、遗漏的问题有待进一步细化和填补。找到问题才能解决问题，比如涉及"民间文学""民俗"等门类和非物质文化遗产学术研究这种商业性薄弱但需要长时间投入、不能马上见效的范畴就处在保护"弱势"地位，更要增加关注度和保护力量。

非遗保护是一项长久的文化事业，要想不间断地延续下去，必须提前展望可持续发展态势。联合国教科文组织于2015年通过了《保护非物质文化遗产伦理原则》，成为近年保护工作关注的焦点。其从性别平等、尊重民族认同、保护非遗是保护人类共同利益等方面给予强调和确定，避免了实践中偏差和矛盾现象的产生。另外，可持续发展，还需要不断地扬长补短。我国非遗保护工作规模大、投入多、时间紧，不免暴露缺陷和问题。未来，积极查找漏洞、调整措施，在保护方法、状态上完成系统化、全面化的治理和平衡。坚持按照正确的保护理念、运用科学的保护方式，方可实现非遗保护常态化的可持续发展。

结点·起点

在中国文学艺术基金的资助下、中国民间文艺家协会的支持下，在学识素养俱全的专家学者指点引导下、赤诚仁爱的师长领导的鼓励帮扶下，本书得以顺利出版，在此一并感谢。长期承蒙大家炽热的期盼，如今图书公开推出，可谓苦尽甘来，我也完成了一桩使命。而我，诚惶诚恐，丝毫不敢松懈。图书的出版也许不尽完美，还望各界师友多批评指正。希望读者们在书中找到真谛，能够在几位学术大家的口述之中有所收获。

之所以必须保护非物质文化遗产，是因其赋予我们的精神力量比物质给予我们的作用更大，其渗透给我们的是永久的、融入血液中的财富。在我国的传统思想中，尊师重道是中华民族的优良美德，向老一辈师长学习同样是获取精神力量的重要方式。乌丙安先生、刘魁立先生、刘锡诚先生是年高德劭的专家学者，是后辈学习者的榜样。丛书中他们的学术风范和治学态度，将是未来非遗人学习的典范。

人生一世，草木一春。学习是保持年轻活力的法宝。打造本书就是我学习的过程，我受益良多。然而这套丛书的出版并不是终点，恰恰相反，这是一个起点，它将是《非物质文化遗产学术研究——亲历者口述史》系列的开端。我认为以"亲历者"的视角为非遗的学术发展做见证，为非遗保护实践做总结，可以推动非遗学术的进步和学科的建立，加固我国非遗保护的理论城墙。我们要总结经验，整装出发，将这一系列形成品牌继续下去。

种瓜得瓜、种豆得豆，只有耕耘才能有收获。研究非遗是保护非遗的方式之一，希望越来越多的文化工作者和学术研究者融入非遗保护领域中来，为非遗保护的理论建设添砖加瓦。我国的非物质文化遗产属于每一个中国人，需要民众躬体力行地主动加入非遗保护中来，努力去守护。希望本书的出版促进年轻人向大家和前辈学习、看齐，做有情怀、有担当的新一代，接过接力棒，成为非物质文化遗产保护的亲历者，继续为实现中华民族伟大复兴而努力奋斗。

刘　勍
2019 年 10 月初稿
2020 年 6 月修订

| 代序 |

怀念乌丙安先生

惊闻乌丙安先生离世,半晌回不过神来,前些日子还收到乌老从德国发来的信息,不久前的一次公益活动上还与在德国的乌老视频互祝,聆听他对民间文艺保护的忠言,不想竟成永别。学术无限,人生有涯,回想乌老一生对民俗文化和民间文化遗产保护的奉献,哀痛与怀念久久不能平息。

乌丙安先生是我国著名民俗学家,毕生从事民俗学、民间文艺学研究,出版了《中国民俗学》《民俗学原理》《民俗学丛话》《民间口头传承》《中国民间信仰》《萨满信仰研究》《民俗文化综论》《民俗遗产评论》等一系列具有标志性意义的专著,实现了我国民俗学基础理论研究的重大突破。乌丙安先生指出:"中国民俗学绝不应该也不可能脱离当前中国民俗文化的变革现状,而去从事脱离现实的'纯'学术研究。中国民俗学也只有在研究中国民俗文化的历史和现状的基础上才有可能发展中国民俗学本身的学科理论研究。"他植根于中国文化,从历史维度探根索源、观流识变，对我国丰富繁杂的民俗事象做出阐释，从空间维度对民俗文化的异同分合做出比较，从对我国众多民族的民俗事象、民俗符号进行分析，广泛涉及民俗的内部属性和外部特征，深刻剖析阐释民族区别、阶级差异、全人类共通性以及民俗的历史性、地方性、传承性和变异性。乌丙安先生强调学科意识，提出"我们的基本理论的建设，应在一些基本的观念上、民俗科学最核心的点上下功夫"，"民俗的构成非得找出其规律性的核心，然后展开综合研究不可"，关于民俗学研究中基础理论与分支理论的关系，"应先分别扎实研究各分支理论，分支理论是宏观理论的基础，从一个核心出发入手，不定都从一个地方入手，殊途同归"。他的研究视野因此还广泛涉及民间文艺学、民族学、民间文化的现代化变迁等，全面构建了中国民俗学理论的科学体系。

乌丙安先生一直坚持在基层做调查、坚持田野调研，他把乡村田野作为民俗研究的根据地，深入山乡村寨和少数民族贫困地区，详细勘察北方部族村落的社群结构、生计劳作、日常生活、婚姻家庭、民间信仰、口头文学以及不同的民族与社区在杂糅相处中发生的习俗文化融合变迁等，在亲历性的田野采录基础上展开深入的理论研究。他曾回忆，"一定把人一生当中的民俗活动当作人生哲学。而且把它变成活着的一个学问，变成人生的学问"，指出自己数十年研究民俗学的进展，"是从基础知识，钟老教给我的基础知识，再演化成钟敬文学术思想，然后融进去我的田野实践，加进去了我所经历的、我的学术视野。从古到今，从文献到实践，从北京到各地，从内蒙古到世界 11 个国家，这个视野我把它全融进去以后，就是一个最完整的检验，检验出来的一个学科，一点都不会走样。同样的理论升华出来以后，到哪百分之百都能成功，能用上。"这不仅是一种学术方法和范式，更是朴素而崇高的学术品格、学术精神、学术追求和境界，是关于民俗民间文化研究的方法论和精神示范。

乌丙安先生一直与时俱进关注最前沿的学术命题和民众生活方式研究，他治学严谨，既坚守传统，也主张创新，以开放的思维应对复杂的文化问题。他的研究涉及"民俗象征体系、地方饮食民俗文化、民俗语言和语言民俗、民俗文化形态研究、灾害民俗学、百年神话研究之反思、两性民俗学发生论、民俗发生论，以及民俗学史论等"。他从未在标志性的学术成果上止步，不懈地探索和钻研，以学术奉献社会。我们有幸参与了他主持的《中国民间文化分类》《村落民俗普查提纲》研究，对我国博大深厚、错综复杂的民间文化进行分类，以及为便于民间文化遗产、传统村落的普查与抢救制定普查提纲，他把握规律、尊重现实、化繁为简、辨析事项的视野和功夫给我们的启示和教益，至今记忆犹新。

乌丙安先生数十年如一日教书育人，培养了一大批专家学者，成为我国民俗民间文化研究的学术中坚。他师从钟敬文先生研修民间文学，成为中华人共和国成立以来的首届研究生，于1955年从北京师范大学民间文学专业研究生毕业后分配入沈阳师范学院中文系任教，成为光荣的人民教师。1958年学校分校，他被分入辽宁大学，一生扎根辽宁大学教书育人、治学研究。乌丙安先生这样回忆自己的从教经历，"所以我的履历你要讲的话，就是

1958年以前，北京师范大学研究生毕业后，是沈阳师范学院中文系老师。1958年以后辽宁大学老师，直至今日，别的地方调，我都不去，我没有那个名校的观念。……我说我在哪个学校留下来，不是名校，我自己要努力，变成一个著名的教授。不是名望的问题，你要让大家佩服你。就是佩服这个教师，作为一个好教师，这是不违初心的。"正因如此，在从事民间文艺学、民俗学教学研究的几十年里，乌丙安先生教学严谨活泼，理论结合实际，深受学生欢迎，常年被选为"最可爱的老师"。他指导过国内外一批硕士生、博士生，桃李满天下。

投身民间文化保护的研究和实践，作为国家非物质文化遗产保护工作专家委员会和中国民间文化遗产抢救工程专家委员会的重要成员，乌丙安先生对我国民间文化保护的理论研究与实践发挥了重要的推动作用。他参与选取中国民间文化项目向"世界非物质文化遗产名录"申报，参与制定民间文化保护的本土化管理政策和体系建设，对其申报流程、项目审批等环节进行指导和调研。他态度鲜明，表扬好的，批评错的，敢于发声，他呼吁"我们要做的工作是如何更科学、更好地去保护民间文化，而不是用另外的一种方式去打造"，强调民间文化的保护，最终成功与否，就在于它能不能进生活。他在年逾八旬时出版《民俗遗产评论》，结合一线实践研究阐述民间文学类、民俗类文化遗产，而且之后进一步拓展"农业文化遗产保护"研究，关于保护实践著述如《非物质文化遗产保护理论与方法》《保护人类口头和非物质遗产：由来、发展和现状》《民俗文化空间：非物质文化遗产保护的重中之重》《对贯彻实施〈中华人民共和国非物质文化遗产法〉的两点建议》等，加强了我国非物质文化遗产保护的理论构建。

乌丙安先生是我国当代民俗界、民间文艺界的代表人物，是我景仰的前辈。记得20世纪90年代，在一次学术讨论会上与乌丙安先生相识，从此有缘受先生教诲和指导。先生一直关注民间美术研究，关心民艺学的学科建设，他乐观大方，平易近人，视晚辈如朋友，相识二十多年来，对民文艺学科发展、民间工艺传承等许多问题给予指导。我有幸聆听了他的许多演讲，陪他走了不少的地方，近十余年来我们两次前往山西后沟调研呼吁传统村落抢救保护，一起研讨民间文学、民间文艺学的大学学科建设问题，交流传统工艺的传承与发展问题。先生深刻的见解给予我良多启发，先生执着的使命感也深深感染着我。昔日情景、笑貌音容历历在目，点点滴滴的教诲与感动常留心间。

回想2018年1月第十三届中国民间文艺山花奖颁奖盛典上，乌丙安先生获得"终身成就奖"。我在颁奖词中写道："中华民族的伟大复兴需要文化的先觉者。他们关注文化现实，洞见文化规律，以最深沉的情怀、最坚定的行动、最执着的使命投身文化实践，唤醒世人对文化传统的关切，呼吁全社会对民间文化的保护，使传统村落、民族节日、民间文学、民间艺术绽放永恒的光彩。他们在社会的变迁发展中力挽狂澜，留住了我们民间文化传承的根脉。他们有俯首甘为孺子牛的奉献精神，把心血才情奉献给民族的文化事业。他们有卓越的智慧、丰硕的建树、崇高的人格精神，他们就是民族文化之脊梁。"时间的巨流奔涌不息，探索求知的世界浩瀚无际，唯有思想的光芒永恒，品格境界带来的教诲启示不懈传承。乌丙安先生一如学术天宇中明亮的星辰，带给我们求知探索、践行使命的启示，恒久绵长。

潘鲁生

2018 年 7 月

（作者系中国文联副主席、中国民间文艺家协会主席）

目 录
CONTENTS

第一章
少年强则中国强

- 003　我的家乡
- 006　国学开智
- 010　鸿鹄之志
- 012　考上四所大学
- 015　求学师范
- 019　难忘乡愁

第二章
心牵民俗学

023　钟老门下的第一代研究生

028　走上教师岗位

036　桃李不言，下自成蹊

039　民俗学的教学方法

第三章
民俗学之研究

047　　民俗学的出现
053　　节日风俗与祭祀
056　　民俗学、人类学和语言学
061　　民俗、民间文化与非遗的关系和区别
068　　我的研究心得

第四章
奉献中发光发热

075　民间文艺研究会的老会员
078　"认俗归宗"
080　建立新中国的民俗学会

第五章
非物质文化遗产保护历程

087　非遗的由来
093　向联合国申报非遗的往事
101　我对非遗申报及审批的建议
103　在第五批传承人公示前的意见
106　非遗申报产生的问题
112　非遗热和概念化

第六章
非物质文化遗产与学术研究

117　非遗的价值体现

123　传承需怀敬畏之心

130　世界共通的非遗

135　非遗与民间信仰——从庙会说起

139　非遗和手工艺——从传承说起

142　非遗的表演性——从保护说起

149　非遗保护的实践性——从节日说起

151　非遗的学科化发展

157　择善而从——借鉴国际经验

第七章
非物质文化遗产保护的实践与事件

169　　2005 端午祭事件

175　　传承人及保护

180　　抢救性记录工程

184　　研培计划不应急于求成

187　　非遗保护走向动态管理

190　　保护非遗传承人与苏州模式

193　　依法保护非遗

197　　整体保护和文化生态保护区

第八章
非物质文化遗产保护传承的发展趋势

209　非遗保护要进入生活

210　非遗究竟传承什么

212　从民俗文化思考非遗发展

214　非遗未来的发展趋势

216　非遗的中国成就与展望

220　参考文献

221　后　记

第一章 少年强则中国强

我的家乡

1928年,我出生在内蒙古呼和浩特。那时候是民国时期。当时那个地方叫绥远省归绥市,在国家的边缘位置。绥远取"绥靖远方"而得名,这个绥靖是安抚平定的意思。我征服了你,你归我了,这个城叫归化城。归化是古老的一个城市,明代就有。在这个城里又盖了个新城,归化城就变成了旧城。我诞生在这个新城,新城是在清代乾隆年间建的,当年叫新城,一直到今天还叫新城,它已经够古老了,经过康乾盛世、嘉庆、光绪,直到宣统退位,迎来民国时代。军阀混战时期,这里成为兵家必争之地。

我出生的那天,按阴历是十一月十三,1928年是龙年,十一月又叫冬月。我出生的那个医院是整个呼和浩特市唯一按阳历过日子的地方,那是一个比利时天主教教会的医院。那一天我出生的时候,她们就过来向我的爷爷、奶奶祝贺,说你这孙子生得很好,因为今天是平安夜,明天是圣诞节。我们家是信仰藏传佛教的,对圣诞不感兴趣,就记住了十一月十三。而我从小就记着,我的阳历生日是圣诞节晚上，好日子，但是阴历十一月十三这个日子不是太吉祥。这就是我的诞生日。

我们是蒙古族的家庭，为什么我们没有住在草原上呢？因为我们家祖先在清代康乾盛世的时候，已经进了城里。我的祖先是住在现在叫赤峰的地方，过去叫昭乌达盟，在它的喀喇沁旗，又叫哈喇沁旗。辽宁有喀左，内蒙古有喀右——喀喇沁右旗，还有喀喇沁中旗，这三部旗都叫喀喇沁。喀喇沁是 28 个蒙古族部落里面一个响当当的部落。赤峰现在还有一部分叫喀喇沁，我的老家还在那儿。元代统治以后，王爷就是很高的贵族，王府就特别讲究。唯一存在的王府就是喀喇沁的王爷府，现在成为国家保护文物单位。蒙古王爷的家谱，现在只有喀喇沁家谱还完整，也成为文化遗产。我属于这个家庭的旁支，虽然是贵族，我们从小并未享受到贵族待遇，也是很苦的。但谁一提起姓乌的，都会油然生出敬意。因为我们这个部落是乌梁海，也叫兀良哈，这是古代蒙古族最能征、能战、骑马打仗的一个部落，是蒙古帝国打仗时，打前锋的。我们的祖先大多数是死在战场上，埋在祖坟里的大部分是寡妇。我们从小就知道这个坟里并没有埋着祖先的遗体，遗体埋在青海，是在那儿死去的。

我们的祖先后来慢慢远离喀喇沁，远离赤峰，并且作为边防军流落到归化城。因为是守卫部队，守卫边疆部队，就没在农村和山村里面生活。那时候归化虽然人口并不多，但已经很大，算是地方的省会。我的身份这一块儿，家庭名义上属于贵族家庭，实际上是比较穷的。但是蒙古族很尊重这个家族的家世，世系，一听到老乌家很尊敬。我们家祖上是与满族通婚的，满蒙通婚是一种最高的荣耀，那是攀上皇亲呢，因此我们的祖先非常受人尊敬。乌家是名门，所以我们的家教很严格，很注重孩子的文化教育。祖上留的遗训就是：必须读好四书五经。

国学开智

我五岁念的是私塾。六岁时，一边念学校，一边读私塾。我这一辈子也忘不了，我上小学一入学读的语文本，那时候叫国文本。国文本第一课就是人，就这一个"人"字。第二课是一人二手，一个人有两只手。第三课是你有手，我也有手。三天讲了三堂课，我用十分钟就都背起来。因为我在私塾读了两年，读四书五经。"子曰：学而时习之，不亦说乎"，"有朋自远方来不亦乐乎"，这早就学会了。"大学之道，在明明德，在亲民，在止于至善"都倒背如流了。我六岁的时候开始读《左传》，一边读四书，一边读《左传》，当时根本就不懂。一上来就"郑伯克段于鄢"，那就使劲读。读了多少遍以后，老师才告诉你谁是郑伯，郑伯的真正名字叫什么，段是谁？段是他弟弟。克就是打胜了，他弟弟败了，然后再告诉你这是两个王，皇家内部争夺王位的战争，母亲向着谁，站在谁的一边。最后就出现黄泉那个典故，黄泉路上无老少。典故怎么来的？所以小孩六岁就知道这个典故的来历：

据说当时郑庄公因母亲参与谋划共叔段叛乱,一怒之下,把母亲放逐城颍,并发誓说:"不到黄泉,永不相见。"随后就后悔自己对母亲做得太过分了。直到采用颍考叔的办法,从城南挖地道,见到黄色泉水,打通至王宫,庄公与母亲在地道相见,母子和好如初,郑庄公更加孝敬母亲。像这样的典故,我一辈子都忘不了。

那么什么叫国学?小时候就都会,知道而不是死记硬背。在熟读古文之下,熟能生巧而知意。读得多了,你先记下来,然后再问老师,何谓典故?这就叫典故。我就是跟你讲这个故事,这就是我们说的家教和学识。所以到小学毕业升初中的时候,我就知道了唐宋八大家的大部分古文,到了初中毕业的时候,清代的桐城派,桐城派的八股文就知道了。初中一毕业上高中,直接进入"五四"新文化运动时期,马上国学就全明白了。现在的民俗专业是最现代的学科,也是最热门的学科。但你看我,我的整个根基是从哪里来的?是从最开始的国学中来的,就在生活中,五六岁自然而然就学了。到了初二年级,《赤壁赋》《后赤壁赋》《出师表》《后出师表》就会念,马上典故就说出来了,现在出口成章,都是直接引。那时候的教育给我的影响很大,想到晋代陶渊明的一首诗哪两句,马上就说出来,这是我们当年受的教育。所以,我们很珍惜童年教育、少年教育,根基很厚,很难忘。

到了高中时期,已经不满足这些了。不满足读书了,开始写东西。高中一年级就在报纸杂志发表文章,诗歌、散文两种都是文言文和白话文。小时候,别人在小学生园地发的是白话文,我发表的文章都是文言文。小学四年级我就写文言文《论过无惮改》。就是说不要怕改过，上来就写"人非圣贤，孰能无过，过而能改，善莫大焉"。所以那时候小学老师就对我这个古文底子很赞赏，让我发表全古文，不必写现代文。后来我还写现代诗歌，分行诗、长短句诗，但是偶尔也还填个诗，又押韵又有平仄。我上小学就很突出了，因为我的书法学习是在私塾时候到二年级上小学这段时间，那时候我写信就都用楷书。我记得那时候我上的是呼和浩特市模范第二小学，简称模二小学，从一年级到六年级，班上前面贴的学生守则、学校规则，全年级、全校的都是我写的。用毛笔小楷写完，贴出去，学生们都照着规范怎么走路、怎么做，那都是我写的。我在全校有名的就是写小楷，就是写大字。

我为什么要说这个，因为教育根基就是那时候给我打好了底子，说到我上小学中学，我们那时分得很细，小学就分初小高小。五年级六年级就是高小，高小生就了不得。我高小毕业之前就给各家写对联了，家家一到过春节就早早找来。"怕在老乌家那孩子那儿轮不上"。我11岁就开始写这个，这给我打下了好底子。我周围的同学都这样学习，只不过我要竞争，我要努力。而且当时民国的那个教育体制和现在一样，你要上好学校，你得考，你得有学费。我们家这个学费，不是太容易。因为要培养孩子们，也愿意卖一些家当，卖一些地，卖几处房子。所以这种情况下，我必须有一个目标，比如说从高小到初中，那我必须要考到前三名。我从上高中到高考，整个这三年每年要拿奖学金，一共三年。每年必须考到前三名，必须要努力。如果不进前三名就没有奖学金，所以每次发榜大家都去看，考上没有，家里人也惦记。考上榜上有名，那就高兴了，当年学费就有着落了。我的自豪感就在这儿，发榜时我根本不及时去看，我更不心跳，我认为绝对跑不了，我能得前三名。我就是得不了第一，也就是前三，我的底线是第三。因为我自己心中有数，我的学习没有荒废过。所以我的小学是模范二小，初中也是名校，高中也是名校。当地是没有大学，从清代完了以后一直就没有大学。民国时期没见过大学，高中三年级是最高教育等级。

我上的高中是国立绥远中学，国立省中，国立中学。我们这个学校直接归南京政府管。徽章是全国统一的三角形，蓝色白边。三角形，大标志冲上，小边尖朝下。上边"国立"两个字，醒目的牌子，加蓝底。这样的学校在当地是首屈一指，相当于辽宁省实验中学。我在这个学校三年奖学金全拿到，以优异成绩毕业。

鸿鹄之志

　　高中毕业那年我们赶上了全国解放战争。我想上大学，但考大学你到哪啊？得走出去。大部分城市已经解放了，天津战役一结束，平津两地都是解放区了。从内蒙古考大学，我必须得跑到解放区，所以我们就提前毕业。六月就毕业了，拿到证书。这个毕业证书我一直揣在怀里，随时准备跑。正好这个时候，国民党有些人迫害高中生，有很多刁难，国民党政治施压很大，有些有进步思想、反对国民党打内战的学生常常受到压制。就是想走也走不了，也许还会被抓起来。我临毕业的时候，就被同学们选为全校的学生代表主席。学生会这个制度，1949 年前是跟国民党做斗争的功能，现在变成学生的一个自治组织了。我们的学生组织，跟学校这个国民党训育主任是有斗争的，所以我们就闹了罢课，临最后闹了一场大罢课，呼和浩特市现在政协都有这个资料，能查到国立绥中一场大罢课。这场罢课，闹得天翻地覆。国民党政府要抓我，我才知道这个厉害，想赶紧逃跑。那我也被抓起来了。

有些认识呼和浩特地下党的蒙古族老前辈就想办法，那些社会贤达人士、知名人士，把我保出来。保出来第二天就告诉我赶快走，国民党的特务还在跟着你，非抓你不可，要杀一儆百。你当的头儿，你为什么要出这个头呢？不知道死活怎么的……我当时认为我就是对的。我走的那天晚上，我记得我住在清真寺，因为他们不敢到清真寺抓人，清真寺的回族老阿訇把我保护下来，第二天老阿訇亲自送我到了前线。前线那个口，正好是回民的国民党军队。那里的连长、营长，当然跟阿訇认识了，他就跟他们说，这小伙子是蒙古族，你把他放出去。我永远忘不了回族老阿訇老前辈，把我直接送到逃生的地方。我后来在少数民族地区工作，我对回族特别尊敬就是这么来的。我真的是不知道死活就这么跑了，跑了60里路。这期间两边都可以开枪，那天正好没打。从封锁线跑到白塔，现在的白塔机场。再往前走，快到现在的乌兰察布，有个解放军文官，穿蓝色衣服的，远远就喊"站住"。我知道他是文职人员。我就趴着不动，等他过来我站起来，热泪盈眶地抱着他，我就知道我算逃到解放区了。

我就是这么跑到解放区的。后面一路扒火车，流浪，这样一直沿路断断续续就走到北平。北平当时已经解放了，然后就落脚在绥远会馆。那里有乡亲，我就住在那里。

考上四所大学

到北平以后,我每天跟人力车、黄包车那些车夫一起跑,好找那个考大学的地方。有一天,我突然得到一个消息,说是北平有我们的一个内蒙古绥远中学的同班同学,他是国民党的军官,跟着傅作义起义了。听说他要考大学,我就找到他,跟着他。那时候毛主席有指示,说共和国没建立,长江以南还没解放,仗还打得很激烈,天津战役刚刚才停,炮声才停,但是高校不能停,高校得恢复。国民党这个内战不管怎么打,大学生要培养。因为一旦全国解放后,我们没有大学,没有自己的高等教育,所以下达指示立即招生。这时候学校类型很杂,很多学校是教会学校、私立学校,还有一些公立学校。中央政府要求一律采取平等招生。所有大学分了几个类型,每一个类型都是综合的,就是各科文理什么都有。我就选北平、天津两地学校,我喜欢的,我把15个大学全报了,就是你得考15次。

15次考完了以后,统一发榜,北京大学、清华大学、燕京大学和天津的北洋大学一起发榜。在15个大学的榜单上看，考上几个，上什么学校，你自己可以选。我们那时候就是这样，我认为这个模式至今也有效。

这样的高考，是中央定的。我报考的大学当中，我考中了4个大学。第一志愿燕京大学考上了，燕京大学新闻系。我初中二年级就梦想着当一个战地记者，缘于当时读了雷马克的《西线无战事》。作者把第一次世界大战写得这么惨，就像我亲身到了战场一样。第二次世界大战时我正读书，日本侵占了东北。我想如果发生第三次世界大战我不能放过，我就梦想着将来当一个著名的战地记者。有自己的幻想——打扫战场时，最后的枪声停了之后，发现战场上有一个人手里捏着笔和本在那里，风一吹那个本的纸页哗哗响。打扫战场的人过去一看，封皮写的乌丙安。打开一看——《东线无战事》，那就发生在东北亚，由我详细介绍了这场战争。战争结束了，我死在战场上，一个浪漫的目标。所以，我报考燕京大学，特别是我的英语那是很棒很棒的。因为我这组很多人不敢考，这15个大学唯独这个燕京大学多一门考试，一场口试。美国老太太一对一的那种——你是上新闻系，你口语不行，你哑巴英语行吗？我就很得意啊，我笔试考上了，我就口试去。口试时这个老太太说标准的普通话，与她交流都没问题。然后最重要的就是，你要背一篇文章，英语的文章，你心目中最喜欢的那篇文章。我一想，我这辈子最熟练的、最标准的，是我高中时期老师夸我的那个，就是宋美龄在纽约的那个讲演，就是请美国援助我们抗日，尤其这个燕京大学又是美国办的大学，这个我倒背如流，我就背了。结果我考上了。第二个志愿是华北大学园艺系。我喜欢搞园艺，我们家的葡萄园是我们呼市当地很有名的，我觉得我将来还是经营葡萄园，回老家。第三个志愿是当老师，当一辈子老师。我口才很好，九岁上台讲演，呼市得第一。可以选择学中文当老师，考了天津河北师范学院中文系。第四个志愿是学财会，当商人，我算盘打得很溜，这个指头往里边收的时候，那个指头已经弹出去了，"啪啪啪"这出来的速度快。别人还没反应过来，我这已经得出答案，能达到这个水平，所以我就报了山西大学经济系。你不学晋商，那哪行啊。四个大学都考上，我当然选第一志愿燕京大学。燕京大学的文科后来并入现在的北大。那你一说北大的燕园、博雅塔，原来是燕京大学那里。我就去报到，教务处说很遗憾，你这没带学费来。我说我不知道，我说咱们燕京大学不是有制度吗？历史上很有名的，从成立就有半工半读。穷的同学可以当图书馆的管理员贴补生活，学校里面的所有工作都是学生做的，没有雇工人的。清扫工、园林工，我说我做什么都行，我供我自己读书。他说你不知道解放了吗？我们不允许有童工了。我们招生的时候你怎么没注意，我们讲过一律是自费的。我说我的家乡还没解放，我没钱，我在这里都得打临时工，供自己吃饭。他说我们有个制度，你报到以后可以休学，不用读书，明年再来。明年你跟着五四级毕业班。我就这样办了一个休学证明，全是英文的。这个挺好，这回给我保了，我就有了机会，我这一年挣钱回来再上学！我是很会用智慧活下来的。

求学师范

我就考虑再去哪个大学呢？山西大学我不去，那里已经解放了。华北大学实际上我也不想去。我就去天津，我考的是天津河北师范学院，那时候天津是属于河北省的，是省会。这所学校是国民党时期天津的女子师范学校[①]，是女师。周（恩来）总理上南开的时候，邓颖超大姐在这个学校里上女师。以前是女校，从这一期开始招男生，我报了名，结果考上了。我报的第一志愿是中文系，第二志愿是音乐系。我会音乐、会作曲，18岁就是京剧票友，二胡、京胡我会，小提琴也会，手风琴、包括教堂的管风琴我都会。唱诗班我也待过，会唱诗，所有圣诞的曲子，管风琴我都能弹。我曾经说过，我在北京要饭的话，绝对能要得很多，我本事多了去了。我就想将来是当音乐老师好，还是当中文老师好。结果后来先进了音乐系，上了不到两周课。音乐系允许第一、第

---

① 前身是北洋女师范学堂。

二志愿同时学，要同时能学，那是拿双学位，我一看吃不消，因为累。而且那个教学不像我在内蒙古，这边老师都是中央音乐团队的，著名的音乐家都是他们培养的。就这样忍痛，不上音乐系，上了文学系。这个学校学中文的百分之八十五到百分之八十八是女学生。我的上一个班，二年级以上全是女生，所以我姐姐多，妹妹少。结果也叫我妹妹，我那时候外号叫十三妹，只有我们这一班是有男生的，我们就男女大排行。所以我说整个四年大学是在女儿国上的，这些女孩对我影响很大，那种姐姐般的疼你、爱你。有一天我被褥丢了，不知道谁拿去了，后来拆洗完了女生给我送来。我在女校有好处啊，衣服破了，有女生马上带着针线来了给你缝。

  这个学校学生会，我是第一任被推选做学生会主席的，一年级竞选，他们学生代表选我为主席，因为说我们得有一个男生主席，多才多艺这么个人。另外，还从团组织那边知道我中学就入了团，很早。那时叫地下，我从没把它叫作地下，我当时觉得必然要入，你不入共青团不行，那是新民主主义阶段。以后，我干了没有几个月，就坚决不当这主席了。因为什么呢？我看好文艺部长，那文艺部长能接触天津最好的音乐家，最好的戏剧家。他要去联系给我们学校来讲课，来演出。有这个职务还当什么主席啊！他们就说你当主席，将来可以被培养为干部，学生干部将来可以做领导。我说我没兴趣，我去当文艺部长。这个时期我所有的文艺水平，增长得非常快。所以抗美援朝我们学校艺演，在天津中国大戏院义演，我演全本的京剧，我是唱青衣的，梅派青衣，唱苏三很有名的，整个跪在那儿唱"四恨"，一气呵成。我们就这样一圈一圈唱戏卖票支持抗美援朝。常香玉不是支持买飞机吗？我们学校就在天津演出。天津各大学，包括北洋大学，就是现在天津大学，那些大学都没有我们表演得好。我们学校能出整台节目，一晚上两个小时全部是我们来，卖出票，然后捐款。大学生活就是这么过来的。

我们老师都是名老师，说来大家不信，百分之百是北京下来的教授，这些老师原班都进了女师。北平一解放，很多北大教授都变成历史有问题的了，在北京待不了了，他们水平很高，原来我们那个学校弱，这些有才学的、从北京来的教授，都到我们学校去，结果教育出来的人确实很棒。他们跟北大、清华教授都是师兄弟，所以我们学校出来的学生，个顶个都是棒。我们学校那时的学分制是很科学的。所以我用了三年半，1953年的上半年，元旦以后我就学分满了，提前毕业了。用时三年半毕业，全校一共就四个人，三个男生，一个女生，三年半读完了，都得优秀成绩，最后学校把这四个人全部留下。这个学校缺年轻教师，老师全是老北大的，助教都是老年人，就把我们都留到学校，我就成了河北师大助教。我记得清清楚楚，1953年3月5日当助教，换成了红牌。那天我很高兴，但是我笑不出来，为什么呢？那天是斯大林去世，一早晨就奏哀乐，广播都是这个哀乐，全都悼念斯大林。我就是那天去把学生的那个蓝牌交上去换一个老师的红牌戴上，马上到苏联领事馆去吊唁。站成排走，我就站在出发队伍的教师那里，刚刚戴红牌，得站在这个教师队伍的最后面。我的后面是学生队伍的最高年级四年级，一路上就听有学生在调侃。原来我这学生会的干部，每次出去都是我在前或在后，走在路上要带头唱解放区的歌，"解放区的天是明朗的天，预备——起！"老师队伍早到，后面学生看见我，我外号叫饼干，他们就说饼干戴红牌啦，以后不能叫外号了。有个学生说："我就叫，我就大声喊饼干老师，我看他好意思不？"我就心里想，马上去悼念斯大林了，还开幽默玩笑。这就是我们当年的生活。所以那个时候是在这种情况下毕业的。

难忘乡愁

我的一万多册书全是改革开放后的积攒，已经全捐出去了。专业书，日文的专业书，比日本老师还全。捐给我的家乡，捐给内蒙古师范大学。因为内蒙古师范大学，它的校址距离我出生和生活的地方一百多米。内蒙古师范大学离我家近啊，我离它近啊。我捐给生我的地方，没捐给内蒙古大学，他们还有意见，"乌老你捐给我们啊！怎么捐给他们？"我有感情啊。如果我家古老的宅子留下，那雕刻、砖雕都非常好，前面的园子里葡萄园一直到今天也不会塌。结果是1987年，我记得好像是无偿拆迁，因为是新城的东街要扩宽马路，我们的整个宅子被扩到马路边。所以我现在去内蒙古讲学，吃完晚饭到东街那个公交车站，站上四五十分钟，我能瞄得准准的，这个地方就是我家。大家都说这车来了你怎么不上，刚才就看你在这转，车来了你上。好心啊，觉得这老人迷路了。我说不去，待会儿，我等人。其实我谁也不等，等我家里死去的亲人，我觉得这感情啊离不开。因为这个地方望着那个鼓楼的位置，小时候上学、放学，就在这条道路转，这个院子里边特别美，我可以买一串葡萄站在那儿吃，想着我家里的葡萄，这就是乡愁吧。那时我的德国留学生回德国之前，特意去我老家，在我家老宅照了相，相片留下了。我回去就没看到老宅。德国现在这几个著名的人类学学者，都是我的学生。他们都到我家去过，每一个地方都留有纪念。我老实讲，我家那砖雕不比那个山西的王家大院差，我们家是给王府做工作，我爸爸写公文，蒙汉文用毛笔抄，那时候没有印刷，发文件全部抄。我学的楷书，这些书法都是这么来的。我的汉文底子为什么这么好？是因为我的父辈、祖辈蒙汉文兼通的。这就说远了，但是说回来，就是这样，我的学业完成了。

第二章

心牵民俗学

钟老门下的第一代研究生

我赶上中华人民共和国成立的好时候,是国家培养的第一代大学老师。1953年共和国发布第一代研究生招生,目标是培养高等院校教授,培养国家第一代教授,我就决定了要考研究生。我当助教的河北师大很支持,说我们支持你考,给你写推荐信。问上哪儿,我说北京师大,我最喜欢的是钟敬文老师的民俗学。我有文学的根基,我有民间文学的根基。我在家乡内蒙古上高中的时候,内蒙古草原、鄂尔多斯、杭锦后旗这些地方我都去过。内蒙古地区的风俗、习惯都在我心里。我现在就想考我们国家民俗学的奠基人、创始者钟敬文老师的第一届研究生。被推荐去了以后,钟老还是要考一考,虽然没有笔试,但他让我谈一谈。我不仅谈了,而且我还唱了内蒙古长调,唱了陕北民歌信天游,唱了内蒙古蒙古族和汉族文化交融的漫瀚调,还讲了各地方不同方言的民间故事。钟老师说你挺厉害的,其他人来,我一问,会唱民歌不,不会;一说能讲故事不,不大会。我们是搞研究的,也要会唱会讲。钟老说我是客家人，客家山歌我都能唱。你也能说来就来。我说我从小就这样。钟老说我很喜欢，太好了。我就考中了。

钟老这边招生以后，第一期招了五个人，四个男生、一个女生。其中的两个学生，一个女生、一个男生，这两个人是北师大本科毕业的。在本科的时候他们就听过钟老给四年级做过的专题报告，知道民间文学知识，他们就留下来了。剩下的是湖北一个男生、东北师大一个男生，再一个就是我，从天津招来的。头一批就招来这五个人。这个女生入学后就生孩子了，以后连课都没上，就顾家庭了，算退学了，很可惜，这个名额一直就挂着。这位女同学比我小一岁，其他男同学都比我大，他们都有太太和孩子，钟老的学生，就我一个单身。我们这四个人，在北京师范大学住一个宿舍，两张双人床。河南大学的张振犁教授，是我们的大师兄。他是两个孩子的爸爸，农民出身，夫人还是农家妇女，研究中原神话他是正宗的，就是河南一带流传的尧舜、文帝、武帝的神话他都有，他在民间都听过，他有基础。另一个是东北师大的，对东北二人转有研究、有兴趣的张紫晨先生，20世纪90年代张紫晨教授去世了。再一个是湖北大学的蔚家麟，他后来到了新疆喀什大学的中文系做了行政工作，他的研究方向是毛主席论民间文学。我那时候研究重点是鲁迅与周作人和民间文学。张振犁研究古代神话与现代神话，就是都分了专题。我的毕业论文并不是民间文学故事类的，是革命专题，是老苏区革命歌谣和民间文学山歌，就是瑞金、遵义的山歌是怎么后来变成了革命传统的歌谣。这都是我们学习苏联的模式，就是你研究民间文学，要和中国革命挂钩的。我的那篇文章只是在学报发表，图书馆没收录，因为里面有些"极左"的观点。

我跟钟老师读书，如鱼得水。因为你想一个专业，如果你喜欢的话，将来不是一个职业，而是会成就一番事业。就是说，职业我可以不喜好，我硬着头皮，我一边厌倦它，一边做这个职业，我不爱上班也得上班，这叫职业。这个专业我日日夜夜都喜欢，这叫事业。

钟老的民俗学、民间文学特别讲究以农民为根基。中华民族的文学是以农民农业文明为根基的文学，因此必须是广大农民，几亿农民的文化，才是我们在当今世界的代表，中华民族的农业文明是我们研究的对象，很珍贵的。我的看法跟钟老师一开始就不一样，我说中国的农业文明，只有三个阶层。不是说上面就是地主富农，下面就是贫苦农民。而是贫困农民在人多地少的地方失业了，没有地可种了，打工都没地方了，当长工都没你位置的时候，就流落在古代各种都城、都会，之后变成城市里面最底层的人。这个阶层的人数相当多，他们的文化也是民间文化。所以我就举例，山东为什么出现了最好的梨花大鼓呢？什么叫梨花大鼓？我说钟老师您对这定义怎么想？他跟我们说，梨花大鼓就是农民破产了，没有职业，进城去用自己农民的民间文学来赚钱、乞讨，手里拿着山东农民那个坏了的犁，那个不是犁铧嘛，那个破碎了，拿两个打着，这叫犁铧，也叫梨花。打着这个，当当当唱大鼓，唱到山东的地方故事，一口山东话，这就叫大鼓。我说这就是农民的，农民总在拿着犁铧，不拿着犁铧就不是农民？破产的农民,一家又一家的要饭,给你表演山东快书,后来才形成这个梨花大鼓,"滴里当、滴里当、滴里个当、滴里个当",这才出现了。所以我说中国跟其他国家不大相同,就是有一批城市底层的说唱文学,一定要研究。钟老师基本同意,但是极力强调以农民农村为主。

当时没有双休日,周一二三四五六跟着钟老。周日早晨起来赶紧到学校餐厅吃饭。我们研究生是跟教授一起吃,研究生生活费是每个人一个月30万元。30万元相当于今天的30元,30元不得了,那时候一斤猪肉六毛二,一斤白糖也六毛二。我为什么记住了呢?因为它俩等价。我就说,那个时候是六毛二一斤猪肉,我们30块钱。后来,我的夫人就是我研究生时的同学,她是西洋文学穆木天教授的学生。穆教授是五四时期以来有名的教授,讲西方文学的巴尔扎克、莎士比亚、托尔斯泰,她学的正好跟我相反。她是高端,学的是欧洲文艺复兴时代的文学,我学的是民间的,正好我们两个人谈恋爱。其他同学很羡慕我们俩,为什么呢,我们两个人补贴共60块钱,我们拿着一块钱去打饭,要一个好菜,要一个便宜菜,够吃了,还能省出很多钱买书。我刚毕业分配到辽宁,那时候有规定,你们向组织上说明你们是要结婚,这样的话就不能照顾你们都在大城市,不能照顾留在北京。原来钟老师要留我在身边,我成绩好,后来他就批评我说,着什么急结婚啊,你这样的话就不能留在北京了,知道吗?他说你考虑考虑。我说怎么考虑也是要结婚,不留北京。因为那时候有不成文的规定,夫妻两人不能在一个单位。要是钟老师留我,她的导师就不能留她了，两地分居以后很难过在一块儿。我们的工作岗位是固定的，你想从沈阳搬家搬到北京，不行，那除非我从北京去沈阳，这可以放你。与其这样我何苦呢？我说我在哪儿不是教书！我们原来最早是希望去广西，因为我们俩觉得桂林那地方美，气候又好，结果组织上不同意。我们毕业那天晚上在北师大结婚，所有教授都来了，像启功教授，还有钟老师也来了。我们两人在北师大交际舞跳得好是有名的，带头跳完以后，大家都玩得很开心。那天研究生班的人差不多都来了。整个文理科的研究生班，我是班长，大班长，相当于研究生学生会主席。大家合着买了一套《毛泽东选集》送我们，当时刚刚发行，是中华人民共和国成立后最早发行的《毛泽东选集》，1955年出版，一二三集。他们集体送我们毛选三卷，扉页里面签满了这些同学的名字。现在他们都是知名教授了。后来这套毛选在"文化大革命"期间抄家时被抄没了。

走上教师岗位

1955年开始,我们国家在学科上正式认定民间文学,有很多学校虽然没有学生毕业,没有国家输送的老师,也实验着开设这个学科。我记得西北大学开过,有老师讲过课。他们那教材小册子也出过,但是很薄,讲得很简单,没有什么系统理论,都讲一些作品。再就是上海南京这一带,主要是上海华东师范大学的赵景深先生讲,他长期研究曲艺。钟敬文先生肯定是讲农民的山歌、农民的传统故事,曲艺一口不讲,他不认可。赵先生也讲农民的,但不多,因为他不熟悉,他就讲城市俗文学。他俩两种极端,彼此不直接反驳,背后都是不承认的。但是,钟先生认为曲艺是可以学点,作为研究生你能不知道点儿吗?你知道农民的,就应该知道点城市的,我们是这么学的。但我就不是,我认为将来讲课必须要讲它的。这一点我是跟老师不一样。我20世纪50年代写的书就叫《人民口头文学概论》,认为中国的文学包括三层:最底层农民;中间层城市俗人,指市民;再高层国学文人。所以,除了国学以外，那两层都应该算做民间文学，只不过一个是在城市民间，就是普通俗人、市民的意愿，老百姓有钱的去听相声，去听大鼓。而在农村，坐在炕头上是听讲故事，或到田头上唱山歌。

我1955年毕业，分到辽宁省沈阳市沈阳师范学院中文系。沈阳师范学院，在1958年一分为三，其中原师范学院的骨干教师，去了辽宁大学，其余的一部分去大连的辽宁师范大学，另一部分留在沈阳师范学院，这么一分为三变成省级的学校和市级的学校。所以，这三个学校都有我的老朋友，我自己去了辽宁大学。

分配以后就开始讲课，当年9月1日正式讲。当时我讲两门课，因为不够教学量，除了民间文学我还讲文艺美学。我在北师大读研究生时，研究生的两门主课，一个是钟敬文先生的民间文学，一个是黄药眠教授的文艺美学。我有现成的听课笔记，我就照着黄先生那个文艺美学讲，拿笔记本就可以讲课。所以，当时民间文学课是十个班的中文专科，四个班的中文本科，都讲这两门课。本科我是分班上的，专科是十个班一起上大课。那个时候在老师范学院整个一层楼，就是一个大课堂，得用麦克风讲。

这个时期我的同学，除去我以外，还有那个没学成的女同学，剩下三个同学，没有一个人正式讲民间文学课。张振犁老师去了河南大学，就讲古代文学了。湖北大学的蔚家麟老师分配后就做了行政工作，当上系副主任了，包括分房子、生活补贴、看病、出车这些他都管着，不讲课。张紫晨教授在北师大，他给钟老当助教。我这个助教是直接去讲课了，当时国家民间文学唯一讲课和写书的助教就我这么一位。而我这本书《人民口头文学概论》，是写成了以后，由国家高教部审查之后，同意这本书先印成内部交流教材。哪个大学要，有人就可以讲了，就用这个当教材。内容我都有参考书，例子都很全。当时限制不得超过20万字，我那本就是19万字左右，因为要求老师结合当地来讲，苏联的办法也是这样，比如你得结合你在明斯克的情况讲。你普及讲，就结合当地的例子，民间有活的教材。东北讲东北民歌、东北故事，山东就讲山东的。所以教学的体系还是比较完整的。

这个课程讲到1957年，就停止了。北师大钟老和他的夫人被错划成右派。他爱人陈教授教现代散文，停课了不能讲了，钟老师打成右派，民俗学不能讲，因此这个课程就停了。报纸登了谁谁是右派，被停止教课的消息以后，第二天，我们辽大的运动也开始了，马上就是我和我的太太，她教西洋欧洲文学，停了，我的也停了。但是学生和一部分老师有意见，说这课教科书新印的，新书都发到学生手里，新生都入学了，怎么能不讲？所以特批，我戴着右派分子的帽子讲课。最后讲了三个月，我就提出不要讲，停课就停课吧！但是一部分学生还要听，说讲的还是知识，结果这部分学生随着运动的深入，学习骨干也戴上了右派帽子。在反右运动中，这个时候就完全停课了，从此这课一直就没有上。

1958年"大跃进"，出现了"大跃进"民歌，工人也可以创作歌，谁都可以，老百姓都可以唱歌了。这就开始出现一个问题，教育部提出能不能讲新的革命的民间文学，找这方面讲文艺理论的人出来。东北就五个学校讲新民间文学，讲革命民歌、革命故事。教材拿不出来，东北五个学校所有讲民间文学的教师合起来出版了一本书，就叫《民间文学》。这本书的理论框架，基本上用的是我的那本书。只是我身份不允许我讲，我已经去矿山劳改了。他们就用那个理论，增添革命内容，不用旧的、古老的，像今天属于非遗的那些民歌故事，当时都被看作是封建迷信，就出现了这么一本书。这个版本我也有。北京大学段宝林老师，跟我同期，那时候他是年轻教师。他们老教师没有讲民间文学的，他自己创作了一本民间文学赏析的书，他修改过两遍，现在还在用。

20 世纪 50 年代到 70 年代，基本是这个状况。民俗学这个学科没有课，认为民俗学和人民口头创作都是资产阶级的、封建的。结果讲革命民间文学的那些人，讲了没几年就没东西可讲，这个课程便正式取消。20 世纪 50 年代后期 60 年代中期，一直到 1978 年改革开放，这个中间完全是空白。想搞革命的民间文学没搞起来，便整个抛弃了。

当时在 1955 年到 1957 年这三年当中，我在沈阳师范学院讲了这个课，而且省里还决定给别的地方讲专题，要求我到别的地方讲，但都是零星的。还批准在沈阳师范学院的学生社团，出了一本叫《青苗》的刊物。《青苗》由学校给钱，自己刻自己印刷。后来我逐渐买来打字的设备，出了打字油印本《青苗》。他们设计那个封面也油印，自己编，向全国赠送。各个大学有文科没有文科的，都能收到沈阳师范学院民俗学社、学生社团印刷的《青苗》，里面民歌、故事都有。我被错打成右派以后，这个课一停，这个刊物的学生主编、副主编、编委，全部都打成右派，也是当时的优秀学生，后来都平反了。以后差不多在中学里，他们都当了骨干教师。但是《青苗》停了，民俗学社也停了。

改革开放落实政策一开始，我那时候已经历了22年的监督改造，最后十年是在农村——那被开除职务的十年。这十年在农村，除了全部是体力劳动以外，我最受益匪浅的是当真真正正的农民，农耕文化最底层的风俗习惯，第一手的，至少东北的一大半，我都拿到手了。保守地说，带回将近300多万字的民俗资料。留下的手记、提纲、画的草图，东北的各种俗语、民间故事、谚语，各种衣食住行、婚丧嫁娶的完整体系，还有些非常完好的家谱。我觉得这十年收获非常大，它不仅仅锻炼了体格，更重要的是把农耕这个学科的本质弄清楚了。

回来以后落实了政策。学校没落实之前省里就落实了，因为我当时在民间文学研究方面还是有一定知名度的，他们说得回来啊！那时辽宁大学没给恢复，但辽宁大学外事办公室，连省外办都提出来："这个老师得赶快回来，咱们这里十几个国家的留学生，要求上民间文学课，需要赶快开课。"我回来后，辽大没上课，本科还没恢复，我就住在教室，就在一个小教室里头。那时候留学生是不许跟中国学生在一块上课的，得单独上。所以，我第一个留学生班一共是14个国家来的25个学生。美国的两个，法国的两个，越南的、苏联的、比利时的、意大利的都有。他们有一点中文基础，但是听我讲课还是不行，我就努力帮他们。平时他们就跟着我，我上街，他们也跟在后面，不是法国人就是意大利人。那个时候沈阳刚刚开放，离我们最近的市场就是北行，是最热闹的地方，我带他们去听中文和交流。一个中国老师带着一群外国人来北行，外国学生都拿着照相机拍照，每次都会围很多人。医大的留学生，通过学校要求学我们学科，他们都是学中医的，中医不听民俗学，那行吗？我回来以后是打了好底，一上来不讲民间文学，而是讲风俗习惯，就是婚丧嫁娶、衣食住行。你吃什么？我给你讲煎饼怎么来的，煎饼哪个地方好，山东煎饼怎么做。我领着他们上饭馆讲课。学医的外国留学生也跟着，录音、录像，那时候录像机刚刚开始时兴，还是黑白的时候，我就开始用了。这是1979年的事。

因为上街带着留学生，留学生拍照，拍修鞋的鞋匠，有时候工人过来抢相机，说这是我们落后的地方，你们不能拿来拍。我那个德国博士，现在是欧洲著名教授，叫傅马瑞（音译），中文非常棒。傅马瑞说这是中国最好的宝贵财富，我认为都是我看到的最好的东西，修鞋是非常好的工作，怎么会是坏工作呢？后来我就告诉她，我说将来我给你照，你让他把胶卷曝光吧，要不然他们不让你走！那工人就一下拿出来，"啪"地把胶卷一拽。在那个时候我极力拦着，只有法国同学不吵架，法国两个女同学很幽默，也有临时来的新生。每次带他们出去也是围很多人。后来，我带着中国医大的留学生，有一些非洲的学生，一起跟着我去到北市场。有人说，医大不是离北市场近吗？是，我们是到北市场去串街。在北市场小饭馆吃饭，很多人进来买东西吃，为什么？为了看黑人说话，这个黑人怎么露白牙。我说"别都围过来"，围观的人就说："我就是想看看黑人怎么吃饭？他们牙为什么是白的？"

1980年我开了很多讲座，开展课程授课是以讲座为主。后来我提出来让我恢复讲民间文学课。我说，民间文学如果要开展课程，就要恢复民俗学，它是民俗学的一部分。我在农村已经做了准备，准备了教材例子和教学参考全部的知识。这些就是后来我的《中国民俗学》那本书的框架。当时我提出来后，学校冯玉忠校长，还有刘鹏书记都特别支持，说："先不列到中文系正式教学计划里，先列为学校的公共课，你这个就定为公共选修课。"全校跨系听课，让我设计，我就设计中国民俗学课，文科、理科、工科全校选修。结果是物理系来听课的人最多，其次是化学系，后来发展到电子专业的学生，学校光内蒙古考进来的就有200多学生，他们说："咱们冲着乌老师是蒙古族的，咱们也得来听课！"结果，人太多，教室根本就挤不下。还常有留学生在他们课堂上录音录不上的，就都来这儿录。我讲大课很生动，还常举地方例子。我就坐在讲台上讲课，讲台周围、地上全是学生，窗台上全是人。我的教室是309，他们是1977届，77届有一个回忆录节目就叫309，叫309教室，那是辉煌的故事，他们都在讲。

1986年3月，开春以后就开始了讲座。讲了将近一年，等于系里边恢复了民间文学的课程，孟主任，就是讲劳动模式的那个老党员、老革命，他说："得让乌丙安讲，这个要正式讲课，外系的可以旁听。"后来因为教育部没这个计划，还是排成了选修课，但是系里管这叫必选课。全校都在讲中文系有个必选课，是乌老师的课。所以那时候，学校每学年都由全校同学投票，选举我为最可爱的老师，年年我是第一名。政治课是大家都要学，学《毛泽东选集》《新民主主义论》等，唯一我这课大家都选，许多学生爱听。

一直到1989年这课停了。什么原因呢？1985年停了一段，是因为我去日本讲学，回来接着讲。所以有的班级就是互相比，你看你们赶上了，我们就没赶上。我这一回来他们就又赶上了。说中间这块儿老断，有的课程就串过去。到了1989年德国邀请我去讲学，所以就又停了。这一停，本科就彻底结束，因为我那时候只剩下硕士点了。后来民俗学，这个课是1982年教育部正式通知，你们可以招民俗学专业的研究生。所以，董晓萍、李扬、孟慧英这一届，考进来3个人。其中两个是我教了七年，连本科都教了。李扬从山东考进来。这就是辽宁大学第一届民俗学研究生，钟老那儿（改革开放以后）第一届也是1982年开始招生的。

桃李不言，下自成蹊

我的履历你要讲的话，就是1958年以前，北京师范大学研究生毕业后到沈阳师范学院中文系当老师。1958年以后到辽宁大学当老师。直至今日，别的地方调我，我都不去，我没有那个名校的观念，我说我在哪个学校留下来，是不是名校，我自己要努力，变成一个著名的教授。不是名望的问题，你要让大家佩服你。作为一个好教师，这是不违初心的。

我在天津河北师范学院时，因为开展的一个专业思想巩固运动——立志要当一辈子人民的老师时被征服了。心想再别当这个战地记者了，第三次世界大战也别打起来。现在我马上就90岁，也当不了那个战地记者了。现在我做教师还能再做几年。

所以，我对自己这64年的高等学校教师生涯感到非常自豪。我从第一天教书起，在师范学院连续四年被全体同学投票选为最可爱的老师。学生社团第一个民间的民俗刊物是我帮他们弄的，叫作《青苗》，全国各个大学发送。当年很多大学生看到那个刊物，觉得沈阳师范学院真厉害，学生就有刊物。而且我们学生就有民俗学社，我们根据风俗习惯去调查，就研究这个。所以我有活的教学方法，既有课堂教学，又有课堂实践。当时我们的学生都想要学民俗学，学做专业。我要学古代文学的话，同时我得知道民俗学民间文学，为什么？我好知道《诗经》里的《国风》的来历，研究这个文学史的时候，我会从民间文化中得到营养。你要把这个说清楚，我就分别教学，教给你民间文学文献学，给你单讲。这个我就要讲民间文学的实践，我教给你唱民歌，教给你唱东北小调。二人转的前边这个小帽儿怎么唱、舞蹈怎么舞，我的民俗课就是这么展开的。所以，在学校我们这个民间文学课非常活泼，全校学生会议搞大活动，我必须去的，我是学生会的顾问，绝对能活跃气氛，全校开运动会，各个班级的拉拉队，都找我来培训，都会出精彩的东西，原因在哪里？就是我把民间文化课堂化，课堂教学和民间文化融合起来，所以学生对我的教学才有兴趣。

现在全国民俗学界至少有我两个学生是著名的民俗学教授。而且，我的课是跨系统课，一直到改革开放后，电子、机械、物理等好多系的学生都听这个课。现在他们退休都干我这样的事，不再干物理的、电子的专业，他们都得益了。原因是什么？就是这个学科发展方向，我认为它在世界上应该是一个通识，通识教育课。你有公共的马列主义课，就应该有公共的民俗学课，因为任何一个人，你是马列主义的专家、著名政治家，你也离不开民间生活。你怎么生的？你抓周没有？你生活中经历过、看见的许多东西都是民俗。抓周了？你抓住贾宝玉那个胭脂和口红盒了吗？我这是说笑话，就是你一定把人一生当中的民俗活动当作人生哲学，而且把它变成活着的一个学问，变成人生的学问，这人人都可以做。所以我现在做非遗的讲座，各地方的政府官员接待我的时候都告诉我，听您的课很感兴趣。我说你记住，退休别的不搞，退休就搞非遗，非遗里边的民俗你完全能搞，你会成为民俗学家，而且是非遗专家。很多人开始搞，现在重新积累。原来并不是干这个的，但是这个人人都能干，都会干。我也常常跟文化干部说，你将来退休下来，你出去当个文化学者多好。后来他读书读完了能跟我交流，他有一些专业性术语，而不全是政治术语。

民俗学的教学方法

我觉得，我进入这个专业以后，我自豪地讲，就是我学的时候，我把钟敬文先生的学问发展成一种活态的，既具有雄厚的文献根基、理论根基，同时又演化成在实践当中能使用、能检验的学科。放之四海皆准。

德国如此，日本如此，你要掌握这个民俗学，到哪个地方，你讲的东西都应是人类最需要的东西。我觉得，我应该把民俗学的核心放大。放到微小的地方，就是你的生活中的、日常的起居，最细枝末节的都在这个学理之中。比如，我在动物里特别喜欢蜘蛛，我说喜欢它，可能就是它那么聪明地织网，你不能想象它一个小动物织得那么好。可是你并没看到它织完网后大雨来了，它的网被破坏了以后，它怎么活下来？你从中找人生最好的东西，你就知道了。你要是画家的话，你怎么画蛛丝？注意透过一片黑暗，隐隐约约你看到一个最细微的一条直线，这条直线那么直，但它颤动得特别好看。那个美在那儿。你画蜘蛛，你就不会只把蜘蛛的体型画得非常好，那个可以模糊一点。但是，就这样把这一根蛛丝画完了，你这幅画成名了。因为什么？那个蜘蛛，近看其实就是滴了一滴墨，但这个蛛丝画得太逼真，而且有动感。你从远看的时候，这个蜘蛛你都能看到它老在那儿爬，好像还在动，其实到近了看并没有。这不就叫意境吗？写意画不就出来了！你非得要工笔画吗？你的写意不是容易的呀，都以为泼墨简单，人家泼出来是有道理的，还有精神在。你一泼，老是那个墨，老是黑的，太脏了。所以，我给他们讲民俗学是体会这个。

我为什么拿这个说我的学科？辽宁大学生物系的老师跟我非常好，老生物系的秦教授研究蛇，辽宁大学生物系是全国研究蛇最有名的。他去蛇岛考察，他就说这里还有个猫，天天吃饱，那么多蛇被猫吃掉，他就讲这些。他每次讲完课就跟我说，我生物系专业课的学生听我的课老睡觉怎么办？他是我的前辈，我就说："秦老，我去讲一堂课，但是我要挑一个课。"我就和他去了。我挑了讲鹦鹉课。我从民俗角度讲鹦鹉课。因为学生都知道鹦鹉会学说人话，动物说人话首先是一种奇怪的感觉，但是我要用人文学科讲生物学，你看我怎么讲？我说你在那个夏天最热最困的时候让我讲。我一进教室，一张大鹦鹉图像出来了，鹦鹉的录音，然后讲鹦鹉学舌，鹦鹉学舌的各种效果，把大家都乐坏了。这个鹦鹉被主人欺负，鹦鹉没办法，惹不起他。它说话很厉害，它跟主人学会后，它就变着法儿地收拾他。这些东西讲了以后，学生一点都不困。我说了，下边我再给你讲乌鸦的孝顺。讲喜鹊的时候，我讲牛郎织女，讲搭鹊桥。结束后我说："秦老师你每天来，我给研究生讲课，你来听我讲课，完了你就回去卖，其实所有动物都有东西。"我的意思就是指，一个学科，你把它融入到人的生活里，物以类聚之后，你把他类聚的那部分讲出来，就是好教师，你有什么烦恼，我就把你的烦恼嫁接上这类东西。你说你怎么知道我想的这个事，我猜都能猜出来。我就把这个小窍门和他们一说，绝对不再有这个烦恼。他说你可真神了，我说我是讲事实，人以群分，物以类聚。物以类聚是天底下万事万物，你做类比的时候，一定要用民俗学的角度做。比如，你送了一个吉祥物，东北叫燕巴虎，就是蝙蝠，弄得人家不高兴。这就是因为他不懂得蝙蝠的民俗。在中国，许多民族文化领域里面它是吉祥的。还有乌鸦嘴，这是西方人的一种说法。乌鸦嘴原来在中国并没有，也没有乌鸦避讳，我们现在学会了乌鸦嘴，乌鸦是不吉祥。可乌鸦在满族、蒙古族都是很吉祥的鸟，汉族也有乌鸦反哺一说，鸟类里最孝顺的鸟是乌鸦。你们是没见过，我是见过的。那个树上有好几个乌鸦窝，内蒙古叫老鸹窝。老鸹窝常有，你有时候就看见啪嗒掉下来，老乌鸦跌下来就死了。老乌鸦知道自己什么时候生命结束，它就是拱拱拱要自己摔死。然后你看这小乌鸦就围着转，飞起来又落下，飞起来又落下。因为什么呢？小乌鸦叼回虫子来了，结果妈妈死了。乌鸦反哺，这个成语的出现是因为汉族认为乌鸦是受人尊敬的。所以像这些东西，这就是民俗学，在生活里处处都会碰到。

欧洲有很多民俗，爱因斯坦是大科学家，但你要到他家去看，参观完了就会发现这个大科学家怎么这么迷信，他那大门上钉着马蹄铁。我就有捡马蹄铁习惯。我在农村捡了多少？我爱人就说你是不是准备进城卖铁？也不是，我跟她说俄罗斯也是这样，你年纪小，可能不知道。马蹄铁，这是久经磨炼的。这个马蹄铁往前踏的时候，让所有鬼怪都听到这个马蹄声，他就逃避啊，马是吉祥物啊。所以捡到这个都钉到大门上，那是威慑，所有邪魔不敢进来。在西方这是好事啊。到中国，怎么好好的大门钉那个，在中国这可了得，那不一样。像那个银杏树是咱们吉祥的树，到秋天大家都去看他的黄金叶，那个银杏树落叶都有很多讲究的。到西方，你那个梧桐树落了以后一直到冬天不能扫的，吉祥扫走了不行。在古代，哪个地方、哪些叶落了是不能碰的？那是你家的福气。哪些鸟来了不要撵？哪些动物钻进来，不要撵走？所以古代俄罗斯也是这样，别人家老鼠往我家跑，不打的。一般来说就是那家人家可能要完，老鼠才走。跑到我家说明我家富足，所以顾忌什么？俄语的家神就叫老鼠，这个是有道理的。海城地震时我就提出过注意动物，海城地震的预报是有史以来我国最准的，地震局预报最准的，死伤最少的。我还提出，注意马的动作。因为蒙古族在今天要上哪里参加什么婚礼，走到半道，跑得最快的马，突然间站起来不走了，我们的老人都是什么话不说，一鞭子都不打，赶紧向回走。今天不去，过后给亲戚道歉，那天有事。肯定是大自然或者有什么东西，最少最次的就是前面有狼群什么的。马先发现了，人达不到这水平。飞翔能力人没有，眼睛也看不了那么远，你的眼睛不如鹰啊，鹰在很远的地方看见一只小老鼠，一头扎下去直接抓，不带扑空的，你有它那样的眼睛吗？人抓老鼠，你在旁边它不动，它有保护色，你半天抓不出来，结果狗上去一下就抓住了，原来狗眼睛比人强。所以，我说狗眼看人低，狗眼看得好。就是人，没明白这些东西，这些东西其实是人类民俗生活里必须要捕捉的东西。你看动物，如果小老鼠从你家走了，这证明你这家里没粮了，这是第一个简单的解释，粮食没了，穷了。有一点可吃的，哪怕发了霉，老鼠也不肯走的。老鼠一走了，你家要倒霉了。所以说，自古以来不打老鼠，说老鼠过街人人喊打，是过街。不管它到了谁家，只要进了我家，就变成了我家的家神。

我说这些细微地方是想说明什么？说明民俗学和民间文化，在微观研究上是很细的，宏观研究上路子是很宽的，因此我没有在学科意识上的困惑。你把民俗学的界别拓宽了，占了人家的学科，我能分出来。哪样属于社会学，哪样是我们这个人文学科的，是我们的。人类学，我从来尊重，但我常常批评人类学家现在有很多是胡乱起名，嫁接以后就叫人类学。人类学者最初是把人类的各种生活，人生当中所接触的东西，他先占住，跑马占荒，占一个大学科，然后并不研究。民俗学是从人类学里跳出来，1846年跳出来的。

民俗学之研究

第三章

民俗学的出现

20世纪50年代，我才接触正式的民俗学学科，才知道有这门学科。民俗学科从五四时期就诞生了，实际上我们现在回过头来看，它并不是跟新文化运动关联十分密切的学科。因为白话文运动，直接对象并不是民俗，民俗学学科是在白话文运动过程中连带着的一个，所以当时没有民俗学这个叫法，我们国家古代没有民俗学这个词。民俗的解释从先秦到百家争鸣时期出现，典籍里有好几处都写了。民俗作为名词，就是风俗习惯，不是学问，古代没有专门研究它的文籍。《二十五史》包括清史稿都算进去，在历史记录里面，它分散在好几个志里面。民间礼俗这东西出现在《礼仪》《礼记》里，在《礼记》里面结合着祭祀，出了一些信仰。但是还有一些杂史的信仰，是在《二十五史》的五行里面多，就出现了妖魔鬼怪等特殊的神，什么大王、什么奇形怪状的妖怪都这样。

那么，真正的民俗学概念提出来是在日本兴起之后，日本的柳田民俗学，在日本作为大和这个单一无二的民族认识下，柳田国男认为北海道的那个阿伊努人、阿伊努族，不能算进去，他认为那是一个单一的民族。这一个民族的民俗学成立，建立起了学科。民俗学三个字最早是五四时期留学日本的人，接受了这个词。其中最有代表性的是周作人，他先认可这个叫民俗学，其他学者还不太认可，又叫谣俗学，这是北大最早的歌谣运动，收集歌谣的运动。在这个白话文运动的发展当中，歌谣运动是很突出的，它只是从民间唱山歌、民歌，从这儿收集、那儿征集都送上来，出现了这个民间歌谣的一个学问，于是就牵扯到风俗习惯。提到歌谣，这歌谣都是有仪式的。在什么情况下唱什么，节日唱，还是什么仪式活动中唱，都有讲究。所以就出现了谣俗学或者民俗学。

再往后说，就到了最主要的时期——抗日战争时期，这个时期的民俗学出现了一种什么现象呢？一个就是在抗日战争前和这中间，北大的歌谣运动发展到民俗的时候，就不稳定了，开始往南方流动。北大一批教授，就包括顾颉刚先生，他们辗转到了南方，就在广州兴起。其实说实话，杭州那一带也有，但都是不知名的，最有名的都到了中山大学。这时候提出民俗学，也还有争议。尽管叫了民俗，还不稳定，但这个学科大体认定了。而在这个时候，中山大学广州当地的学者，像钟敬文这样的学者，跟北大的学者合作，开创民俗学的学科。当时这个学科不被人重视，五四时期再怎么新文化运动，也没有文化到民俗这一块，原因在哪儿呢？五四运动讲的更重要的是文明，讲从文化致使文明、文明行为，这是人文学科研究。民俗往往是很古老的，它不是文字的，是民间口头的，这个还是入不了正流。五四以来的流行歌曲里头，很少有民间的东西搁进去，很少很少。所以这个队伍就变成了特殊队伍，人员也不多。而且这些学者，让他出名的学问还不是民俗学。像顾颉刚先生，一直到最后去世，在我们这行内的教材写着他是民俗学者，但是，更多的人知道他是历史学家和古史辨学派的创始人。他只是研究民间传说，都是跟古文里边的国学、典故有关系的，跟历史上记载的有关系的这样一个研究。不像后来说的，全部是研究农民的。所以，那个时候民俗学出现的并不是很活跃，但是当时出现个刊物，就是《民俗》刊物，是钟敬文先生主编的。它是周刊，那很不容易的，要征集稿件，每周更新的。那个时候主要是北大歌谣时期，还有就是中山大学的《民俗》刊物时期。那个时候内容大都是南方的，推出来的歌谣北方的很少，有一些北京这一带或东北的，但不多。因为什么？因为这些地方的民俗学的学问研究是空白，只是收集了一些，所以这个时候主要就是刊物。这个刊物有一些很少的知识，都是很基础的。大家零零星星写文章，整个加起来量也是不多的。

跟中国的民俗学相比，欧洲的民族学和日本的民俗学研究是比较早的。欧洲是1846年就启动了，就是当时的伦敦学派，他们是从饮食开始，日常生活的民俗。但是当时就已经确定了民俗学的研究目标，主要目标盯住了仪式性的东西，农市里面的仪式，无论从种到收，到最后粮食打下来，整个过程当中在田亩间有仪式，这个是关键，这是与信仰有关系。但是日本，就是柳田国男说的，是村落文化，村落民俗、村落信仰，特别是小神多神的信仰，这些是英国没有的。到日本就是地藏……他们的地藏就是小土地爷之类的，并不像我们的佛教地藏王菩萨，不是那个。就是从地藏到各个民间小神地方神，饮食婚丧嫁娶都有，小信仰，民间的、村落的多神信仰。那个时候柳田国男有研究，把它叫做什么呢？叫作民间传承。也有民俗，但是柳田国男把自己这个学术的团体确定叫民间传承会，不是民俗学会。他的民俗学会是我们中国的周作人借用他们的民俗学做了民俗学会名称以后，才改成民俗学会。咱们从学问上讲，日本的民俗学和民俗学的研究及研究的组织，是在我们之前的，柳田时期差不多从明治到大正，一直到昭和。

我们是在20世纪三四十年代的时候才多少有一些，杭州一带、广州一带的经济比较繁荣。抗日战争时期沦陷区的上海，是受日本人的影响，上海的民俗，苏州河一带、四川北路一带，就城市民俗来说已经有刊物了。报纸上专门有栏目——上海民俗，那时候就叫民俗了。当时有一些老学者，在汪精卫这个政权下也都很活跃，日本占领华北以后，伪北大民俗学有课程。当年钟老在广东发起这个民俗学的时候，主要是刊物。教授们肯定不是搞这个专业的，也写文章，但没有系统开过课。你现在找不出来中山大学哪个学期讲民俗，往往是一些知名教授喜欢研究的那一小部分做做宣传，喜欢龙的讲讲龙，喜欢凤的讲讲凤，研究这个神的去讲神。所以，我们查了很多过去这一方面的资料，查不出来系统的作为高等院校的学科，或者科学研究的学科，没有完整的。所以我们才知道中山大学时期，一直到了后来杭州成立民俗学会。1933年到1934年正式成立民俗学会，《民俗》刊物是钟敬文先生和娄子匡先生合作出的，他们是主编、副主编。这个时候重点都是刊物，都是各地的民俗学会。那时候很多地方都有，很多小地方都有民俗学会，有的县有，有的区有，凑几个人就能成立一个民俗学的一个社。所以，当时中国的民俗学一个是刊物，一个是不停地组织民俗学的群众团体，但比较分散，没有形成自上而下的一个整体。所以，杭州出现中国民俗学会，名头是中国，是中国民俗学会，但是各地民俗学会也不完全认这个账，不完全认可这就是中国的，别的地方也有叫民俗学会的，都是各地的。那个时候广东、福建一带有好多小民俗学会，有的学校里有民俗学会，外面社会并没有，所以没有形成统一力量。一直到今天，中国台湾是承认1933年到1934年成立的那个中国民俗学会，可以作为中国民俗学会的开端，但我们始终没有承认。一直到后来成立了新中国的民俗学会，也没说就是那个会的延续，没有这个正式的认定。

当时我们中国民俗学会的发展就是这么不平衡，其他各地连材料都见不着。伪满洲国有专门的研究，折口信夫，他是日本学者，他专门研究满洲，研究"满洲国"的，这个不能算是中国的学派，其中也有中国的学者研究，但都是不知名的。南京的汪伪政权有个上海学派，研究中国的民俗这一块，当时有位白先生，名字记不住了。他办了个刊物《民俗专刊》，还是报纸的副刊，有专刊，办了多期。前后加在一起，我复印了40多期。但这些历史时期的材料在我们学科里都看不见，因为什么？因为他作为伪政权一般我们不承认，但这些现状是真有。我们可以肯定，从20世纪 30 年代，民俗学会成立以后，抗战时期再次中断了。

中华人民共和国成立后，钟敬文先生等一批学者参加新中国的高校教育，所以讲文艺理论的黄药眠先生等这样一批学者回来了。请回来的还有上海原来的民俗学民间文学家赵景深先生，还有山东大学的，还有教民间文学的老师……在中华人民共和国成立以后，20 世纪 50 年代初恢复了当年的民间文学，而不是恢复民俗学。因为当时认为民俗学是陈腐、陈旧的，研究封建迷信事物的学科，所以在 30 年代兴起的民俗学不被认可。这样的话，对于钟先生来说就舍弃了民俗学，而采用了民间文学，就是民俗学的一部分。研究口头讲述的歌、口头讲述的故事，用局部代替民俗学，民俗学的学科就彻底停止了。

到了 20 世纪 50 年代初，这个学科的出现是我们国家社会学正式确定了方针，并且向苏联学习，全面引进苏联民间文学。苏联民间文学它也是用中文直接翻译出来，它是叫人民口头创作，但是你硬要跟我们民间文学结合也可以把创作改译成文学，所以叫人民口头文学，人民口头这么个味道，直接译民间转不过来。再加上过去认为民间文学的叫法存在着资产阶级的观念，所以就舍弃了民间文学的叫法，大家都叫人民口头创作。我那时在课堂上讲课，就严格规定不叫文学，我们现在讲的就是苏联文学里面的人民口头创作，所以课程定为人民口头创作，就是我们的民间文学，这是 20 世纪 50 年代初定下来的。

节日风俗与祭祀

这里有两种看法，一种是不必拘泥活态传承，就是有一定估计的定量，定一个传习数量就可以了。它可以进入活态博物馆，已经失传了，基本上只是保存。保护和保存是两个概念，保存可以是保护内在的，但保存了的东西不一定是要及时保护的。比方说不批量的跳神，这个没必要，生活中也不需要。但是文化保护的概念里面、精神里面，要明白一点，凡是人为破坏干预的，人家还要去恢复，就认为它还有它的非遗的能量，功能还能发挥，那这个地方的这个风俗就让它继续传下去。比如说，我们现在有很多情况就是要么走极端，什么都不要；要么就恢复，你就还得给我跳，这都是不对的。

要顺其自然，顺什么呢？就是顺应现代生活的实际需求。我们家生活已经很现代的，但是我们家有规矩，家里老人有规矩，每逢哪年哪天，我们祭祖的时候还得沿用传统。比如端午节我们都过，有各种各样的过法儿，那你到了湖北秭归屈原的老家，他那 200 多户人家没到天亮，在寅时家里的小船就下桨，开始插着艾蒿，把请来的姑娘叫去招魂，唱祖上的招魂歌。这是从嫡传的女孩中选一个去唱："啊，魂兮归来。"用的方言还是屈原家乡土话。不能因此就把这全都舍弃了。

我们说的传承包括这种类型，已经传了世世代代，人家可能还要传 2000 年。而这个只能端午那天做，不是政府规定什么时候表演。一个招魂天天表演，没要求你家家做招魂啊！人家家里原来有的，咱们赞赏。你像屈原家乡流传的习俗，五月端午那天晚上要有离骚的骚坛，全家人要作诗的，骚坛的诗歌，现在还在坚持。连没上学的小孩都出口成章，因为他家传的离骚那种延续东西太多了，原来的各种版本的，那就得接着做。至于这些旅游点，找了一些文人来表演，完全是两回事。你别说这个是非遗，非遗就得是原封不动的那个，还在继续的，我们鼓励他们做。

别一刀切，说这都淘汰吧。我们所说的传承，包括个别传承，少量传承是可以的。让人家知道，比如说雄黄酒的传承，还有在端午节采艾蒿。老百姓自自然然就去做呗，不必特意叫学生都去表演，要顶着露水去割。也没有必要下令，这都是老活动……我的意思这就是正常的传承，不必拘泥。

传承本身是要有需求的，但是千万不要认为这个文化经过破坏后，愣是以人民的名义，说这是老百姓不愿意过了。你真正一问老百姓，谁说不愿意过？大家偷偷过。比如说七月十五的中元节，我们国家已经列入非遗名录了，国家级非遗，后面还有带括号的香港申报的。香港就公开的没人管过不过,没有说你小心着火,没有这样的。我们内地其实这个也是公开的传统节日,政府就应强调做好防火措施。我一直说这个事,这个节过的是亲情,中华民族亲情最浓厚的节日。比方说昨天是姥姥去世,是我亲姥姥,第二天就是鬼,没有这个概念。自古以来,亲情最浓厚,我的祖先都在这里,就骂自己祖先是鬼,反正我的文章里面没有鬼节这一说。中元节就是中元节,老百姓有忌讳就叫七月节,南方很多地方也叫七月节,就是没有叫鬼节的。鬼节是在批判封建迷信以后叫出来的,变成正面称法是不对的。节日要有一个主导的精神在那里,精神很高贵的。所以我们如果说这是我们传统节日,一年从清明节到寒衣节,一年一连三次是对自己去世亲人最浓厚亲情的纪念的节日,要好好地、实在地过才对。

考虑到我们现在人口多,现代化城市复杂,怕引起火灾,给大家根据区域分城分区。这两个区是在这两个庙里面设置,那两个区给大家预备的是焚锅,设置专人管理,烧完了几点截止就散了。不引导、管理,人们只能在十字路口烧。之后就说:"爹啊,画个圈,委屈你了,在这烧。"所以我觉得我们必须要正确理解,非遗传统怎么处理,怎么做。东南亚这一带的华侨都在过这些节,过得很好,没有火灾,我们可以借鉴的。

民俗学、人类学和语言学

写文章,不要看不起研究结果,大量的人类学家先研究人类语言,为什么人类有语言?人类要讲话。动物它们是怎么说话交流的?什么叫反馈?反馈这个词,人类学整天研究,所以乔姆斯基这个人类学的鼻祖,他突破了研究生成语法,就是活态的语法。为什么我们在中国学了英语,去留学愣是听不懂人家讲课!原因就是你不是生成英语,不是乔姆斯基讲的活态的那个英语。咱们为什么一结束见面说:"唉,小刘,明儿见啊。"明儿见,这省略了多少信息?我们现在常常是这样,你坐高铁或地铁,广播提示各位乘客请注意,下一站是……再加上个广告,提醒您下一站是什么。到了德国你去坐地铁,播报就是地名,两声完了,什么意思?哥弗坦大街到了,完了。就像日本也是,简单的。但中国的方式是:下面请注意,下面一站是涩谷车站,有到涩谷车站的,请准备下车,拿好您的东西……这都是废话。人家就是涩谷、涩谷。熟人立即就知道,噢,步行街到了,这是大学生玩的地方。

这是语感，一张嘴，一下那个音乐就来了，跟着它要爆炸了一样。我们的呢，就是睡得好好的，突然报站，一长串。这就是我们不懂得，这个整个研究语言学，讲的是叫生成语言，是活态的。为什么德国人见面不再说什么一长串的一个告别的话，最喜欢的是法国方式①的再见（说一句外语Ciao），就是回头见、待会儿见的意思。我说你们德国还用这说法，他们说我们说德语是一长串。我后来下结论，人类说话越简洁、越明了才最好。所以这个再见，一开始是德国年轻小伙小姑娘愿意说，我说我可不可以说，当地人说当然可以，所以我在跟老人见面时我也说，他们说你德语也很标准啊。我说他们，这就是把法语借过来用。所以美国人很少学外语，因为全世界都要学英语。有个美国教授，到我们这里来之前一见面是"对不起"，用英语问，你告诉我，见了面怎么说？我告诉他说"你好"，就马上学会了。再有人给他互相介绍："乌老师这是我们美国教授，我的导师。"我说"你好！"他先抢过来说"你好！"我马上说，你看他说得不错啊，他能明白。啥叫外语？勇敢说，说错了没人笑话。母语说错了，可是永远不会被原谅。

所以，我老告诉学生，外语说错了别怕。我说我有时候说德语，他们就笑说"Professor Wu，您刚才说的话是我们孩子说的话"。我说那就对了，我是跟我外孙学的。我的女儿是德国籍，她已经入籍快30年了。我的两个外孙会德语，我不就跟他们学

---

①Ciao，意大利语，意为你好，再见。欧洲多国常用。在法国及德国习惯作为再见使用。

嘛，他们说的话，我拿出去跟学者教授说一说，人家说你这样是kider（德语，意为孩子）方式的，是孩子说的。我说对了，太对了，他就说"是您的外孙教给您的，就没错"。那我没"说错啊"。我说孩子说的，就像咱们突然说了一句嗲话，特别嗲。你问他，你这跟谁学的？"我跟我小外孙子学的"，这是一个道理。这些细节的事，既是我生活需要的，又百分之百是我专业需要的。

我讲了这个你已经有愿望要学民俗了，因为民俗的微观能细到这个程度。看一个风俗，就知道你这个民族跟那个民族有什么关系，你这个地方的风俗怎么跟那个很像。说我们这儿的人跟瑶族很接近，有一部分人是跟瑶族合居的，所以这几个动作、态度，还有那个词是这么来的。那么我常常在辽大跟学生说，你是哪的？我是大连的。大连人叫这个水桶，下面小上面大，叫"巴筲子"（音译）。有老人这么叫，这个咱们就叫提桶呗，就是提桶。但是老人一说，你把那个巴筲子拿来，再年老一点就不叫这个了，叫把"巴盖子"（音译）拿来。你到哈尔滨问去，也是这个东西，到了哈尔滨是说把那个"维德罗"（音译）拿来。你说这都是东北人，说的都是水桶，没一个一样的，就这两个地方的老人，没一个是在说中国话。大连老人说的是日本话，哈尔滨老人说的是俄罗斯话。为什么？怎么就偏偏是这个词呢？你就查，最后查到了，到什么时候开始说的，什么时候不说。日俄战争时候，日俄战争是在中国的东北打的，那个时候在这个地方打仗没有坦克，两军最厉害的部队，百分之百是骑兵部队。骑兵部队最重要一件事，到一个地方，夺取了一个地方，第一个任务就是赶快饮马，马跑得渴了要喝水。于是到处找老乡，这个日本人到了大连，就问老百姓，这个的有？巴盖子有？老百姓就想，这个是"巴盖子"，以后再问，就知道快给日本兵把巴盖子拿过来。那边俄罗斯兵，就说"维德罗""维德罗"，老百姓一听是"维德罗"，于是再见面，老哥俩儿不会说了，你们那叫什么？你们那里叫"维德罗"，这奇怪了，哈尔滨叫"维德罗"。一问，你们那里呢？我们那里叫"巴盖子"。其实就是水筲，水筲是中国话了。后头慢慢就嫁接了，叫"巴筲子"吧，沈阳人都叫巴筲子。老人说，把巴筲子拿来。什么叫巴筲子？水筲都不知道！以后老人再说，别人就会挺生气地说，你弄半句日本话，我能知道吗？你弄半句日本话，你才知道语言的人类学研究，通过一个细节，能知道一场历史上的战争。什么叫民俗？民俗能讲清楚这个。

为什么我们能识别？出了新疆再往西走，发现了那么大的一块地方都还是说蒙语，他们自己并不知道自己在说蒙语，其实就是逃出去的那部分蒙古族部落。几百年后，他们只是忘了这段历史，没想到说的还是这样。云南现在有个蒙古族人聚集区，他们已经一句蒙语都不会说了，我就想办法，怎么能找到他们蒙古族的影子。后来发现已经几百年了，元朝一个最精锐的部队从四川打到云南的，打到云南定居，一直到元朝亡了再也没回来。他们去的时候是在那儿打仗，去的不都是男人吗？蒙古族男人百分之百就跟当地的彝族姑娘结婚。现在当地百分之九十八说的是彝话，他们说的是土话，我说你在说古老的话，到后来才发现这个问题。这样一来你就懂得语言规律了。语言规律是什么？语言的嫁接与语俗嫁接，是由母亲嫁接的，所以叫母语，没有说爹语的。云南那个蒙古族后人的母亲都是彝族，姥姥也是彝族，再后来，奶奶还是彝族，蒙古族慢慢地彝族化了。你要研究民族学吗？从一个词语拿出来研究就行了。

民俗、民间文化与非遗的关系和区别

这个严格起来说是比较难分的,它们是互相交叉的,国际上也不一样。到了英国叫Folklore,它是硬生生造出来的词,最后也就认可了。但是你到了德国不用这词,德国怎么转译,它不承认这个概念。到了德国,你讲民族学,就是我们现在讲的民俗学,民俗风俗习惯这些,德语中民俗学叫民族学。

我们国家的民族学就出现族别,德国的民族学并不是。人家那是一个族——日耳曼族。就这么大的民族分开一看就能有区别,咱们是小的就有区别,你这是阿昌族,我这是怒族,咱离不远。他是瑶族,他是苗族,那个苗和瑶不一样的。结果苗族说不对,我们旁边这个寨是布依族,我们这住的就是那个民族又似乎不是大的种族,又出现一些不同文化的……人种学?不完全能用人种学来解释。小部落的文化有相似的,又相近又不同,这就是我们国家的特点。我们国家怎么形成的呢?我们国家的民族之所以多,现在从汉文典籍上已经弄不清楚了,所以我不愿意说什么夷啊、蛮啊，后来又变成哪个字，从字形上我也不再讲。我现在基本上按自己的说法，就是把它从语系上、语言上先定一下，从语系里边分多少族。比如说，我们到了齐齐哈尔，就发现那边有叫达斡尔族，达斡尔族人说话中出现满语，还有好多是蒙语，那么到底它是什么族，是达斡尔族吗？把它最基本的语词融入生活用语、商业用语以后，他的满语是靠后的，蒙语在前。蒙古帝国刚刚形成，它已经同化到蒙古，那他的语言的体系是蒙古语族。你到了新疆的北疆，发现这是有历史根据的，这人是锡伯族，他是从哪来的？沈阳来的，沈阳的沈北。北疆的锡伯族人还在说锡伯语。一调查，语言中有大量的满语，而且主要词语不是蒙古语族，所以就出现了满语族①的锡伯语，满语族的满语，满语族的赫哲语。这么分，民族就越来越清楚了。这个能找到一些根据吗？你再细化的话就得看基因了。要是弄的话，就可能在德国找出一个基因跟我一样的人。那要严格讲究，可能是从元代有的？也许比原来还早的匈奴时代，那个基因就在那了。

所以我觉得这个问题要是谈起来，咱们国家民俗学开始推广，开始开拓这个学科领域的时候，遇到最大的根本问题，就是多民族的问题。我在讲这个问题的时候，不是重新去研究这56个民族，而是有一个基本的简单的办法。首先承认中华人民共和国成立后，最初做的民族认定工作，你先肯定它，别推翻它。我国台湾对于台湾少数民族，他们是另一套识别办法。我们是这样识别

---

① 指通古斯——满语族。

的，首先肯定就肯定了，别再议论是不是叫阿昌，还是不应该叫阿昌，这个民族为什么一定叫这个，比如为什么一定要叫水族。你再那样做，现在民俗学课别开了，你就没弄清楚，我们就得认定他，认定他以后把他不同的崇拜对象区分出来，崇拜对象是最根本的。这就是苗、瑶、土家和畲，畲族和瑶族崇拜的对象都是盘瓠。那就考虑他们怎么是两个民族呢？这个我们看看风俗，风俗中如果有接近的或者是互相影响的，哪一个是分野的，分野那部分就是不同的叫法了。我们承认它的分野是在于什么呢？在于我们不去怀疑他是一个族。所以，到了辽宁省阜新，你去问："你是蒙古族吗？"他说："我们是蒙古族自治县的达斡尔族。"我一了解，他确实是。但是你要告诉他"你们是蒙古族，是蒙古达斡尔"。吉辽这儿，都这么叫，慢慢就分开了。到了黑龙江齐齐哈尔，他说我们达斡尔好像是和鄂伦春族近。我想到这个时候我们必须有一个依据，如果进入那个研究的话，民俗学也成立不了，民族学也成立不了。

所以，我们国家将来可能有一个突破，那得到那个时候研究看。我觉得至少在20世纪80年代以来，我们的研究就是在肯定中华人民共和国成立初期我国各民族识别过程当中进行，现在不是还有一些没识别的吗？苦聪人，僜人，一到那个地方人家就对我讲"乌老，您能向中央要一个民族吗？"这不是那么简单的！苗族里边有那么多苗，瑶族有那么多瑶，彝族有那么多彝，现在就麻烦在这里。我们从学科来讲的话，民俗学角度认定的话，只能相对地把它定下来。细找的话，就不一定那就是他的民族了。

所以，在中国情况就比较复杂。回族是我们都承认的，但是各地回族又不一样。广西回族的风俗跟宁夏差别很大。蒙古族有一支至今还是信伊斯兰教，穿着蒙古袍子那些人，我们得承认他是蒙古族。中国的民族现在就采取一个认定的方式，然后把这个作为中华民族的综合体，这才出现了人类学大家费孝通先生"各美其美"的说法——美美与共，天下大同。所以，关于这个民族学和民俗学，就看你去研究什么问题，还有在国际交往上应该怎么去解决。我现在承担一个大项目，就是《中华民族文化大系》，63卷本，今年发行了，9本出来了。编纂难度越来越大，到了台湾这一卷，我们用的是咱们大陆对台湾的这个民族识别方法叫高山族。在台湾，高山族是一个小的人种学族，整个台湾有11个不同的民族，在我们这儿插不进来。台湾还有什么民族？雅美族、泰雅族、卑南族，这些寨子我都去了。回来我就说不能乱掺和，一掺和我们就很笼统。人家说你要当高山族，那我们还有个平埔族呢？台湾有平埔族，平埔族就是在台湾平原的，不在高山。最典型就是我们的高砂族，砂土的砂，那个叫你们高山族，这就是区别。所以这就是要面对的新问题，出现新的识别，要有说法。关于我们的民俗学现在就是坚持原则，就是这样。

但是至少有一个要解决，我们的民俗学一定要保持这种多民族的现状。现在各地都在设想诞生几个节日，其中最主要的原因就是西方有母亲节，我们这个注重孝道的国家能没有母亲节吗？就要求国家最好批准一个母亲节。所以这样一来，这种思潮就在"公知"之间传流，就有人开始运作，运作是地方性的运作。比如用神话来运作，要复兴女娲，因为有少数民族也信仰女娲，有神话，女娲是我们中华民族的母亲。再一个说法，就是要从历史上寻找我们的标准孝道，值得我们孝的那个伟大母亲，这就是文化的母亲了。这样山东方面就找我，说："乌老，你要出来说句话。这别人就能听，把我们这里变成中华母亲所在地，然后中华母亲节就在我们孟子的故乡，这就是主会场。"

打造传统文化商业化，他觉得这个太容易了，只要找几个专家，尤其像乌老师这样的大家，他想您老一说话，那上面都听，那就能论证出来。请我六次我也没去。就在这期间，汉族先解决祖先问题，就解决炎黄，炎黄子孙，所以炎帝老家找我，黄帝的老家找我，有六个地方是黄帝老家，没有一个不请我的。他们都想我去后好好款待，只要乌老最后一口咬定黄帝就生在这个土炕上，那我们就赢了。讲这个，对不起，六个地方我都不去，我用不着去。去了没法说。我在杭州做关于非遗的报告，一群人找去了，我说你们来干什么？他们说，我们打听到您在这儿，我们是研究岳母的——岳飞母亲，想把她作为中华母亲。岳飞作为汉族的民族英雄没问题，我很崇拜，到他们当地我也跪，我很尊敬他。但是你要说让我把岳母叫中华母亲，这是趁机搞事情。

这个我告诉你，这么做的话有一部分少数民族会怎么想。比方说蒙古族，我们的民族母亲是成吉思汗的妈，成吉思汗母亲把两个乳房袒露出来，对下面的说，你们都是我的儿子，没有亲的养的，都是吃我的母乳长大的，那些神话挺多，那我们很感动。起码说，你叫乌丙安老师去给你认定孟母、岳母，我从蒙古族人角度我不敢。就是说有些人，民族学、民俗学的、人种学的基本知识都没弄清楚，随便认定一个事就张扬。为什么叫张扬？他不是弘扬，正确的是弘扬，张扬就是要抢夺这个市场，抢夺这个文化领域。你弄母亲节，我也弄母亲节，其实没必要，没有就没有了。人人孝敬自己的亲妈不就是母亲节吗？非要叫个东方母亲节，这是很自卑的。所以我就觉得，民俗学的发展，在这些细枝末节地方要注意。就是我们中华民族敏感性就在这个民族、民俗这个问题上，弄不好就是麻烦。所以，有些汉族朋友，动不动就说我们要恢复汉服，旗袍是女真人穿的。你看，最后的后果就是民族矛盾。

有个汉服会，请我去，我就讲这个道理，他们明白了。我说你们弄的汉服，纯属表演。汉服没有传下去，是因为汉族本性，它这个民族性格，它的流动性就传代了，那变异性特强。它和婚礼一样，现代的婚礼进来了，那个古老的婚姻就不用了。它不像蒙古族，结婚必须还是老样子，起码是规矩差不多，唱多少歌，多少礼俗，完了以后你再穿婚纱。日本也是这种民族，就是沿续江户时代的，明治维新就是后来学习的东西，我可以穿，天天穿新式的服饰，唯独到仪式性的时候，比如成人礼的时候，逢年过节的时候，都要穿传统服饰。结婚娘家、婆家，这和服、发型、佩戴，绝对是江户时代，绝对是十八九世纪的那个，仪式最后也不换下来，家家都准备这个传统服饰。我们不行，汉服哪个朝代的？明代的你没留下，你也不用。

比如萨满，萨满这个词现在是国际词语，它用的就是女真语。全世界都是，你到挪威冰岛印第安人跳神全都是萨满。但是这个语词来源谁都知道，就是从宋末元初的时候，在汉文典籍就有这个词了，叫珊蛮。他们的巫神，巫神的祭祀就是珊蛮。所以俄国的19世纪研究者，还有日本的专家，研究古女真的都知道这个词是来自中国女真。满族后来就继承了这个词，就叫萨满。他的祖先女真人就是萨满。蒙古继承了就叫萨满，就变成那个蒙语"亚德干"（音译），就是最后变成一个字博，博士的博，博士的长音，要区分两个字"博额"，博额这个词就是跳神的、祭祀的。这都统一了，全世界都统一叫萨满。"萨满尼斯姆"（音译蒙语）。要把它认定，就要认定它的渊源是女真，和后来隔了几代的清朝这样下来的，满族的。发展到今天，要是报非遗的话，一定是按这个标准报，现在就缺这个，各国人家都有权报，韩国也要报，韩国有跳神儿。北纬40度以北地球现在都在跳神儿。中国的跳神儿现在戛然而止。为什么？好多跳神儿"文化大革命"时就消失了。最后留下几个蒙古的萨满，一直到前年科尔沁还有萨满，那是真的，喝酒喝醉了最后死了，他苦恼，老作为批判对象。

所以，有些民族，你看现在羌族，羌族的非遗，这个羌年就进去了联合国教科文组织急需保护的非物质文化遗产名录。羌年为什么要进去？羌年的祭祀，羌族的那个古老的释比，他的释比跳神，是北方跳神啊！所以我才完全弄清楚了，羌族是北方民族，迁移到那儿定居，南方才出现这个民族。它跟南方的傩戏不一样，傩舞、傩戏也是跳神，是戴面具的，日本继承了一些变成能剧，越南这一带还有。所以，我们要用这些民俗，包括他们的艺术，在非遗里头都能从若干民族识别当中，找到这些东西。

我的研究心得

我这64年的民俗学的进展,是从基础知识,再演化成钟敬文学术思想,然后融进去我的田野实践和我所经历的及我的学术视野。我从古到今,从文献到实践,从北京到辽宁,从内蒙古到世界11个国家,这个视野我把它全融进去以后,就是一个最完整的检验,检验出来一个学科,这些一点都不会走样。同样的理论升华出来以后,到哪百分之百都能成功,能用上。在日本,我到了一个地方以后,看外貌,看装饰打扮,立刻看出来,他好像不是你们东京人啊?再看看,你的动作怎么很像是那个九州的,对吗?他马上就说你怎么知道我来自九州?我听你的方言的一个尾语,另外你有一个动作,是那个九州的,独有的。还有不说话的那位朋友,他是北海道的,可能是阿伊努族。他说对,他爷爷还是当地阿伊努的议员。我说他有那个性格、有那个劲儿,不用说话。我用日语跟他说了一段话。我说你知道我说的这是什么神的名字吗?他对我点点头,说那个是我们最最尊贵的神,我们要在他面前，把最尊敬的敬礼给它。我说的只有他知道。别人一听就问我，您说什么呢？我说的是一种特殊的白猫头鹰。这些你从细节能看出来。

你看我从日本讲学回来在山东大学兼职，山大校长让我去讲课。在课堂上给研究生讲课。前面坐了两个男同学，我一看说你们是沂蒙老徐家的吧？对，先生您怎么知道？我说是上下打量的，为什么过去说人见面以后先上下打量。若是有人正式给你介绍，这是小刘，我要上下打量。你不能眼睛在他身上乱轱辘，那是最讨厌的。我上下打量往下一看这两个男同学，我一看，寒冬腊月鞋里头没穿袜子，再一个就是上面的这个扣儿，系得严严的。我说你不是老徐家，你是哪里的？我太知道了，沂蒙老徐家很有教养，穷嘛，礼貌做到，绝不丢人。穷但我不丢人，袜子穿不上，我这一冬也能过。所以，一看猜也猜着了。你绝对不是青岛的、烟台的，那海边上条件好啊，袜子哪有穿不上的，那么洒脱，见过世面，才不这样。所以那两个学生我一到跟前赶快摸一下，我说你领子扣着的呀没有打开？他特别怕这个打开。这跟孔夫子就能连上，古代的这个礼节里头，扣是起什么作用？领是起什么作用？袖是起什么作用？为什么出现领袖这个概念？常常问领袖这个概念怎么出来的？这领和袖是很重要的。所有少数民族，瑶族花腰瑶这些旧的服装，你得注意看每个人不同类型的那个领和袖。领怎么绣？袖子怎么绣？那个刺绣就是瑶族最了不起的，就体现这点。苗绣也是这样，他就告诉你什么时候穿什么衣服，就得穿那件衣服的领袖样式。咱们所以把领袖抬这么高，说法是哪来的？就是从民族服装上来的。比如准备服装，这衣服不行！为什么？他知道这个领袖不行，拿不出去，不是美丑的问题，规格不对。人家是什么辈的？是个什么人家？要讲这个，可咱们现在没有了，那个牛仔裤的膝盖就露着，女孩子她不能露膝盖的，你不能太开放。

我为什么讲半天这些，其实是在渲染一个学者，一个民俗学者，他的实践，他的理论怎么统一起来，贯穿一个系列，形成系列。过了这个界限就不要掺和，那是社会学要研究的。比如说小学教育都有什么事，幼儿园出了什么事，教育你要从教育手段去想，我从民俗上讲可以，但属于教育这个范畴。幼教我没资格，但家庭教育你怎么教育孩子？怎么带孩子？我能拿出来，你就能细微地分析，也不要管人家。所以有的人一说，说是民俗学它又扩大了，那就是你越界了。有时候我不愿意插话，就是你不该谈，这个是人类学家要研究的，这是社会学家研究的。社会学家的民俗民风研究，属于社会学的你别掺和，属于民俗的那套，你可以说。我跟你讲一个东北老年妇女的事吧，这个我熟悉。你把东北人不管是什么职业，那个老年妇女这么回事，你一说我能找出来东北老年妇女最大特点不在这儿，在那儿，所谓妇女的各种各样的教育和受教育的事情你去讲，那是另外教育学家的事情。所以有人常常会问，怎么做文化人物？我说我做不了，很多文化我不能充行家，不能什么你都管。你那不懂婚俗，我就穿上老百姓服装。婚礼唱词我一套一套地给你念。你要哪个地方的？这我都行。

我们很多人文学科、社会学学科的学生常常离开了自己专业的最融会贯通的东西，去指手画脚别的，这常常出错。为什么我不去议论政治上的事？因为我没学过政治史。所以，当你中正态度的时候，是学科站稳的时候，你这个学科就能立得住，能说服人。我觉得我做我这个职业，我的职业跟事业统一了，我开玩笑说我跟我的专业融合了。这样的话，我一体化以后，我自觉我可以终我的一生，所以我没包袱。我最后离去时留的遗嘱保证是既合乎我的专业，又合乎人情，合乎我的情商，也合乎我的智慧。我觉得学者就应该是这样，一个专业的学者就应该这样，把一个专业融会贯通后，有如进入汪洋大海的学问，你就不会迷失你自己的方向，这就是我。我不想讲我哪年做什么，我一直在辽大，我能到哪儿？我根本就没变，实践离不开这个。一直到今天，开拓学科，怎么从民俗学的学科开拓跟心理学嫁接，跟其他学科，比如跟动物学科的嫁接？中国有多少动物，多少植物进入民俗了？还有语言学，语言学里面怎么把语言独立出来成为民俗语言学？就像我之前所提到，我们在讲领袖时候，能讲出领袖俩字的民俗学解释。

第四章 / 奉献中发光发热

民间文艺研究会的老会员

1981年我正式参加了辽宁省文联的选举。在中国文联里边有个中国民间文艺研究会,现在叫中国民间文艺家协会。[①] 我是这个协会在辽宁唯一的老会员,我是国家级会员。当时省里是没有成立协会资格的。我是教民俗学的,所以我就提出来,文联举行改革开放后第一次代表大会,代表大会就研究民间,于是就正式成立辽宁省民间文艺研究会,我担任副会长,会长是一个研究李白诗词的,一个辽宁社科院的老教授,延安来的教授。我当第一副会长,由我负责筹备民间文艺研究会的成立。这样的话我就确定了一个方向。我们这个辽宁省民间文艺研究会有一个方向,要重点研究民俗学。在这个基础上,来研究民间文艺,包括过年的小吃、高跷,农村的这些东西都得进来。这就等于像民俗一样的,用这个小学科,跨一个大学科。本来应该是民俗学协会,因为是

---

① 此前,于1979年11月,乌丙安先生作为辽宁省民间文艺界唯一代表出席了第四次全国文代会。

文联的，人家是文艺家联合会，不是社会科学。

提出这个以后，我就筹备辽宁省社会科学联合会里边的民俗学会。全中国没有民俗学会，我就在辽宁先成立省一级的民俗协会，结果这个会议很快被省委宣传部、省委常委得知，说"赶快成立，我们支持"。这样一来，我就一边开始准备招第二年的研究生，同时提出准备成立辽宁省民俗学会的筹备会。然后，1981年就在辽宁大学成立了民俗学社，这方面在中国我是首创，但是复旦大学的一个老师跟我非常好，我先透露给他了，他比我这个民俗学社早一个月宣布成立了复旦大学民俗学社（1980年12月），明确地说他还不是教民间文学的，他是教文艺理论的。可是真正发展的时候，遇到了问题，就是民俗学社在黑龙江省牡丹江和辽宁省的丹东，满族最多的地方，进行满族民俗调查。因为当时这个民族消失了，没有了，几乎找不到。我就研究是为什么呢？是因为驱除鞑虏，推翻清朝以后，满族很多人不敢说自己是满族人了。

发现这个问题以后，我们这个民俗学会确实成绩非常好，立刻就带出去了。牡丹江那次是调查满族神话，就是现在上海出版社出版的《满族神话学》，始终是全国满族神话最标准的版本。按照我的方法去调查，以故事家为准。我的方法就是以民间文学的人物为主，而不是到处找作品，得找那个民间文化人，一讲就是上千个故事，而不是这听一个那听一个，这不对的。你得先把人找到，才能给你挖掘出来。跳大神还是他，你要收集民歌，到当地给推荐出来的还是他，就是这个村子的老人。老人有老人的故事，哪年有过什么事,哪年这个地方出过鬼,哪个地方出过妖,他都能告诉你,这就是真正的民间文化人。所以我们方法非常对头,很快就收集得非常多。

我把这个成果拿出来以后,我就从普通一个教师直接当了辽宁省政协常委,同时担任民族宗教委主任。

"认俗归宗"

我在民委会议上正式提出，我还给黑龙江发建议——牡丹江应该重新认定民族，在广大汉族中把满族认定出来，这是我们历史上从民国以来没有做的事情。破天荒的，辽宁省申请了，省委立刻就批准，马上行动。最后制定标准，怎么识别，又找我了。我把我原来准备好的拿出来，有六条标准，题目就叫"认俗归宗"。你找祖宗没了，他爷爷也报汉族了，辛亥革命的时候就报了，现在到第几辈了？只能用这六条标准去识别。这六条标准是满族代表性习俗，我既从民间调查提出，又从文献里找到，把它罗列出来，比如说祭祖怎么祭，祖宗在哪儿供着，见面问好，见姑姑婆婆行什么礼？把这几段拿捏了以后，凡有这个家庭规矩的，一律是满族，不要再拿证据了，这叫权威！绝对你到哪儿都没大问题。所以，后来俄国学者、日本学者来访问我的时候，我叫他们去跟文献对照，包括档案的对照，满文对照，他们说非常标准！有这个的绝对是满族，你装不了！你假扮假冒不了，你冒充汉族也冒充不了，你这个就不是汉族。这样定了以后，省委批准《辽宁日报》在第三版正式发表确认满族身份的六条标准，然后写：请参考乌丙安教授的文章内容认俗归宗。不叫认祖归宗吗？我们祖没有了，祖都报汉族了，认俗归宗。调查结果是辽宁省在这个报纸刊发半天以后，报了3000户。3000户啊，多少口人！一户人就按照四人口算，3000户多少人啊！于是把它推行下去，当年辽宁省就成立了六个满族自治县，我不敢把功劳都揽到我这来，而这个思想是我做的。满族现在很多人见到我就说："老爷子我得感谢你啊！"哪个民族都有困难，我说你们背地里还是那么生活，还是吃满族的食物。最后就是这样，现在全中国满族最多的地方还在辽宁。

最后全国成立十几个满族自治县，河北省也成立了一个。就我们的民俗学正式恢复学术研究以后，它的社会实践要开始了，必须要做，就在这期间筹备好了开始实施。

建立新中国的民俗学会

1981年7月23日到7月27日，辽宁大学暑假期间这几天，在丹东举行了一个满族民族学术研讨会及辽宁省民俗学会筹备会成立大会。辽宁省民俗学会筹备会成立之后，我就把钟老、杨堃老全请上了，给分布在全国二十五六个省、市，40多个研究民俗的人和准备研究民俗的人都发了邀请书，请他们参会。

1981年8月20日至26日，在丹东市召开了辽宁省首届民俗学学术讨论会。① 为什么我请钟老去呢，是让钟老宣布辽宁省民俗学会成立，目的不在辽宁省，在于全国。当时全国20多个省的人来，北京代表是刘魁立老师，刘魁立老师来了他就有权签字。河南省是张振犁教授，好多现在还是民俗学界的领军人物，他们都到场了。我是想请钟老在丹东趁着《光明日报》《人民日报》的记者在场时宣布中国民俗学会筹备会成立。辽宁省民俗学会筹备会成立是

---

① 见《十二省市民俗学等工作者座谈会纪要》，《山茶》，1981年8月29日。

辽宁省委宣传部部长宣布的,钟老为这个事很高兴,第一次看到老人家那么高兴,说"有一个就会有一百个,我们成功了!"

钟老为什么会这样兴奋?在他活跃的年代就以在杭州来论,他最热衷的是成立学会,他不热衷讲课。他在20世纪30年代曾经谱写的歌,叫《中国民俗学运动歌》,他把民俗学叫文化运动,他一直认为民俗学是一种文化运动恢复。他不大热衷讲课,他到处说"赶快成立民俗学会啊,要让群众搞活动",有一定道理。民俗学有实践,有活动,这样的话我们就在这成立了,《光明日报》刊登文,《人民日报》报道。

过了几个月,钟敬文教授组织的全国民俗学会筹备座谈会召开了,没说筹备成立,还是座谈会交流座谈,各家发言都有了。结果是吉林省代表来这里,回去是正月十五,我在吉林省委宣传部正式宣布,成立吉林省民俗学会。也就是第二年,1982年的正月十五,一开春阳历2月份就成立了。端午节以后快到八月中秋节了,浙江省也宣布成立浙江省民俗学会,三个省率先成立[①],这就厉害了。

这个给钟老压力也很大,这三个省就一起联合给钟老提建议,"钟老就听你一句话",这是1982年。1983年钟老说:"还是慎重点,慎重一点,有的地方偏远,还没有这个觉悟。"我说你全国的先成立嘛。1983年5月全国成立了国家级学会,会址在北京军区

---

①1981年8月20日,辽宁民俗学会成立。1982年2月8日,吉林省民俗学会成立。1982年10月25日,浙江省民俗学会成立。

招待所。紧接着第二年第一次学术研讨会召开，这样中国民俗学会就开起来。

我当时给钟老的建议，就是我们民俗学会成立的历史时间要讲，我们中国的民俗学会，它最早应该是成立于1934年或1933年，钟老不同意。钟老说这个他有点担心，他怕这么一说变成民国时期就成立了。其实我们现在巴不得是那时候，是不是？我们这么古老的国家，越早成立越好。我就是在成立学会的程序上，起到促进作用。我们现在一定要翻《光明日报》，你就能找到，新加坡的那个报纸、香港的《大公报》，都有。

中国的民俗学会第一个成立的是辽宁，我们的民俗学工作是这样往前推进的。然后我就是不停地到各省去讲课，到各个大学启动讲民俗学课，发展到今天很不容易啊！这期间招收了各地的博士生、建了博士学位授予单位，那么多博导，我心里很高兴。有了这些以后，我就想到一个学科的建立，你得有学科的课程，就是说不是像过去办个刊物。钟老在中山大学并没有系统讲过课，钟老系统讲课是在北师大，但是他个人教材也没有。那个《民间文学概论》是调我去北京以后协助他做的，最后成为教材，这都有记载。[①]我是提前半年就去，我在辽大还没讲民俗学，先帮钟老把《民间文学概论》国家教材拿出来。我是这个班的班长，编写组组长。参考书就是我20世纪60年代前的那本书，那个教材，

[①]1978年乌丙安先生被教育部下调令进京协助钟敬文教授筹备主编全国统编教材《民间文学概论》。

民间文学的教材。钟老的日本民间文学,是在这本书之后。后来我的《中国民俗学》出版以后,几年以后才出现钟老的《民俗学概论》,这是后来他的学生,二十几个人合并编的,风格也不一样。我那本《中国民俗学》是一个体系。这书是从家、家族民俗开始,然后进入社会民族。

第五章 非物质文化遗产保护历程

非遗的由来

"非遗"早先对我们国家来说是非常陌生的。第一，中国自古以来，从《说文解字》一直到《新华词典》，"非遗"这个词根本就没有。完全可以这么说，在咱们国家的语境中，它是一个生造的词。但是在国际上，它的流通要比我们接触得早。从我们国家来看，不要从古代太远讲，实际上我们接触到非遗，完整地说就是"非物质文化遗产"这个词，最早从学术角度和政府听到这个词应该是在 20 世纪末的几年。

这个词当时从国际上传进来的时候只有五个字"非物质遗产"，没有"文化"这两字，这是最早进来的名称。而且那个时期，联合国教科文组织的一些专家，本身又是联合国的专家，他们那个时候已经参与筹备工作，他们来我们这里交流。我是比较早的接触者，2002 年接触的，还有比我早的就是中国艺术研究院的学者，也就是几个人，在这之前是文化部外联局，他们早就接触了。刚接触的时候，跟专家说的词就是非物质遗产，没有"文化"两字。至于我们今天大家都知道"非遗"这个词，变成很简单的一个词了，至今也找不着谁创造的。但是我们可以肯定的是基层工作者，他们为了简单说话，不愿意每句话里头好几次都是非物质文化遗产，他们就简称"非遗"。一开始简称非遗，大约是在 2006 年。因为 2005 年基层工作者才开始知道有非物质文化遗产，那时我们国家官方的语境是在全国人大常委会收到我国驻联合国教科文组织大使和参赞发来的一个中文本的公约的时候，就是 2003 年的 11 月 17 日，《保护非物质文化遗产公约》是英文版和法文版本，在联合国通过了那一天生效的。生效这一天我正在贵州开会，谁都不知道有非物质文化遗产，尽管学者前几年知道点儿，但都没用在这上。那个时候正在开一个会，是中国民族民间文化遗产保护工程，国家明确提出的"工程"。那时候由文化部牵头做这项工作，第一个保护民间文化遗产的大型工程的一个文件出台。这个时候整个会议中间没有"非遗"这个词，就是那天联合国才通过这个公约，是有了公约之后，我们才出现了非物质文化遗产这个词。这时间比较准确，我日期记得很准。

那么这个词就这样传进来了，为什么说 20 世纪末就开始有了呢？是因为联合国教科文组织的工作是超前的。当中国还根本不知道有非物质遗产的时候，人家已经开始工作了，这就有了我们最早的昆曲，又叫昆剧，昆曲艺术的申报。申报时只是临时请了几个专家，昆剧就请了戏剧专家，中国艺术研究院的戏剧研究专家，音乐界的古昆曲研究家比如田青老师，等等，其他几个专家由外联局牵头，按照联合国的那个原文、那个申请表，一项一项地逐一调查完成的。一直等到申报古琴艺术。这又是音乐家参加了，也就是个别的，还是田青参加，没有专家组。申报结束后，当中央人民广播电台和中央电视台播这个简要新闻的时候，我们国家没有非遗组织，还没有启动。当时这条新闻是放在晚间新闻里播的，虽然就一句话，我还是很高兴。我说现在联合国居然开始评我们的东西了，这就是最早知道的，非物质遗产是这么出来的。

接下来正式进入我们官方的是2002年左右，我们的古琴艺术都评完了，都公布了。这个时候来了一大批联合国教科文组织官员和联合国教科文组织非遗专家，其中有非洲、欧洲的，欧洲的居多，也有亚洲的，亚洲的官员和专家就只有韩国、日本的，他们早就介入了。这时候我很突然收到一个邀请函。说2002年11月，要到北京开会，王文章院长邀请的，马盛德处长接待的。早晨七点多钟就报到，我得连夜坐火车来，当时都不知道什么会。到了告诉我，是关于非物质遗产的一个联合国的论坛不是论坛、座谈不是座谈这么个会，人数大概加在一起有五六十人。我来了一看，几乎没有认识的人，因为王院长跟我谈的时候就说，我跟您不认识，但是我知道您是民俗学家，这个工作非民俗学家来参加不可。我一看百分之百中国艺术研究院的艺术学家，就这么个会。我准备了个论文，但会议上的重点不是我们发言，而是听，听联合国官员介绍这个非物质遗产是什么，听联合国专家分科讲，其中包括现代科技保护的技术专家。我记得来的这些人里头，年龄最小的是一个二十几岁的奥地利的电脑专家，他就讲用电脑技术，就是网络技术、电子计算机技术如何进行保护。那时候我的网络知识还不多，当时我还一头雾水。但是我得到一个信号，就是说这次会议和联合国这个举动说明，他们是几十年前就在保护，想尽办法保护。我当时一直在"三套集成"①的保护里，就是十套文艺集成其中的三套，我参与了三套集成的民间故事、民歌，然后就是谚语和俗语这三套。我是总编委会的总编委之一，同时负责辽宁省全卷三卷的主编，《中国民间故事集成》的总主编是钟敬文教授。这就说联合国教科文组织启动到我们国家的时候，那个公约还没出来。我是倒回来讲，就这个时候，我们开展我们自己的那个工程。从20世纪末开始启动，准备21世纪全部进入这个工程，就是"中国民族民间文化保护工程"。接下来就出现了《关于加强民族民间文化保护工作的意见》等文件，我们国家开始全面推进，运行这个试点项目。

2003年的1月18日下午两点，在中国文化部第一小会议室，文化部召开了一个启动会，参加这个会议的人员加到一起也就十一二个人。我当时应邀参会，一看没有几个专家，都是官员，部长、副部长、党组成员都来了，中国艺术研究院直属单位的院长、副院长都到了。我左右看了看，专家就两名，一位女同志，我跟她不认识，但我知道她是资华筠教授，著名的舞蹈家，舞蹈是国际上知名的。那女子是贵族习气，很傲气，居然叫我大哥，对我说"坐我这"。完了告诉我，就咱们两个教授，没请别人，她

---

① 中国民间文学三套集成编纂工作始于1984年，三套集成是《中国民间故事集成》《中国歌谣集成》《中国谚语集成》总称。

很高兴有这个任务。结果在这个会上宣布启动，就从1月18日，我们的民族民间文化工程正式启动。给我们预告了，就说启动这次工程都准备很长时间了，文件都印好了不能改，就是启动了以后，我们将尽快直接转入非物质遗产保护。

那么下一步执行怎么做？这时候公约到了。公约到的时候，是我们在文化部门看到公约，我没见到原文件，只是把中文稿传过来了，然后通知我们签字。中华人民共和国是这个公约的签约国之一。后来我就得到一个最重要的信息，就是我国是全世界第六个签字的。为什么这样说呢？是联合国的专家在讲，在2002年那个会上他们就表彰这个，当然他们那个官员也挺客气，说根据他在联合国教科文组织的经验，贵国在联合国的各种公共的一些文件上，没有像这次在开展的时候就抢先签字。那我们也知道我们国家对待非遗是很严肃的，因为你要跟国际打交道，你弄不清楚不行。说只有这个公约，毫不犹豫地签了字，我们就感觉他说得很对啊！因为什么呢？中国的学者，还属于这个学科，也就是非遗相关领域的专家在这之前不知道情况，不知道有这么个文件。为什么我要多说几句呢？因为签的这个文件，它的中文本是从巴黎总部发过来的，是我们的大使馆，文化参赞，他们翻译的，是按照英文本、法文本翻成中文本，各国都翻译成自己国家文字发回来的。这次会后我就拿到这个我们自己转译的了。我一看"非物质文化与非物质文化遗产保护公约"，本来我还想提一下这个词要不要斟酌改一下，改一个适合中国学术、从古到现在的一个非常准确的词，而不是从英文直译过来的，这个直接译过来的"非"

什么的这个词没有啊。日本人就翻译的是"无形文化",我们译成非物质文化。那个翻译家是我认识的一个法文翻译,驻联合国的,他说我们从法文翻译时就定了这个词。本来那个无形文化是我们习惯用的词。但是日本人1950年就用了这个词,1950年日本的关于非遗这个法律选定了无形文化、有形文化、民俗文化三个都保护。它无形文化和有形文化是一个法律,都进去了,联合国只启用了无形文化这一块,在国际上推行,就是这个始末。于是非物质文化遗产,就这样名正言顺地进入我国。我国的民族民间文化保护工程直接转化为非遗,所以就没有这个过渡,直接就转为非物质文化遗产了。解释说以后不要再叫工程了,因为文件叫工程,这个公约里没有工程就是保护。

向联合国申报非遗的往事

关于申遗的程序问题,我们的认识也是有变化的,现在已经更深入了。

一开始联合国教科文组织公布的那个最早的名录,昆曲(2001年)和古琴艺术(2003年),像这个时期申遗是没有那么复杂的。因为在我们国家和联合国教科文组织的关系中,是我们文化部管非遗,那时候不叫非遗就是民族民间这一块,这个机构组织包括专家和官员,不能直接和联合国教科文组织联系,我们必须跟艺研院外事部门联系。文化部外联局跟我们也不联系,人家过来就是通知你们搞非遗的负责的司长,当时是周小璞司长。周司长就通知:"你得赶快推荐一个或者两个项目,推荐一个申报的,推荐一个预备的,一旦那个不成功,赶快改。"专家只强调它的意义,技术、程序并不告诉我们。但是那个时候已经基本确定,就是签约国不论国家大小,在文化权利上一律平等。因此就是每两年,那时候一开始每隔一年申报一个。我说的这个是什么时候就开始了呢？这就是我参加2002年这个会议的时候，那会上就已经明确了，这个会开了三天，重点是学习，听联合国教科文组织讲这个那个怎么做，也有人说明这个申报数量，还有周期吧，开始怎么做的方法。这个会第三天就闭幕了，闭幕大会由王文章院长主持，其实就代表文化部了。闭幕式时，王院长说："下面我们请这次会议年龄最长的一位学者致闭幕词。时间是五分钟，请乌丙安教授上来。"我就上去了，我想，五分钟我该说什么？我心想，第一客套没有了，就别尊敬的什么什么，这都没有，上来就直言。我说，谢谢主席愿意请我来，让我来讲，我只简单讲一个意见，这个意见是直接针对联合国教科文组织的。他们那些官员就互相笑，就好像被发难吧？我说我完全听明白了，这次会成功！只有一个是我不满意，就是你们每隔一年一个国家申报一个，大小国家都一样，这个我是有意见，我是不同意的。你们从国际关系上，从政治角度看，完全正确，联合国提出来应该是这样，一律平等，我不反对，我也主张这样。我就举例说了，我说科特迪瓦他的总理就在这里，今天也来听会，他们国家一共两千多万人。国家之间应该平等，但是文化发展各国是不平衡的，我是搞文化的，自古以来是如此的，当埃及出现了泥碑的时候，我们的甲骨文还没有出来，我们必须承认。我们国家有了甲骨文到现在已经三千多年了。太平洋岛国也是古老的，但它的历史才多少？它的文化积累有多少？大量的岛是没有文字的，所以他们的宝贵财富就是口头。他们除了报了这个以外，再没别的了。所以我主张，要根据不同国别，它的文化悠久历史和所有的文化的容量、覆盖面来申报，希望我主张的这条重新考虑。我说最后联合国教科文组织不应该成为一个什么角色呢？就是歧视大国、歧视文明古国。后来据别人讲当时前后共鼓掌七次，大家非常高兴的。我一想就是行了，我到此为止，就提这个意见。所以下午的时候，我见王院长，我说冒失了。他说也就您说，我都不敢说，您说代表国家也行，代表国家学者也行，就是要提出来。其实他说我们部里头就觉得真的这得申报到多少年啊？中国眼前的这些，你申报完了也得100来年了。当时就是这么个状况。我们做的准备前面已经连续评上了，一昆曲、二古琴艺术，接着就是木卡姆和长调。

那个时期的申报，就是准备一个申报的，同时附上一个预备的。在讨论的时候，还有这种可能，就是一看争论不下的时候，立刻就可以告诉他们，我们再拿别的行不行。据我了解是这样，不像后来这么规矩的，是灵活的。为什么这么说？就是我们在申报第一个昆曲时候，就预备了一个长调。我很关心的蒙古族的长调，准备了，但是昆曲评上了，长调就下来了。第二个古琴时候又是长调陪伴，但古琴优势也很强，全票通过了，又赢了，长调又落下来了。报第三个又提出来要报维吾尔族的木卡姆艺术，维吾尔族最古老的木卡姆艺术，那确实是宝贵的，要申报。那绝对全票通过，预备的又是长调。我当时有意见，据说内蒙古也有意见，老拿我们当预备，结果老往后延。当时其中有一个人领会了联合国教科文组织的一些精神，鼓励优先联合申报，鼓励不同国别联合申报共同项目。我们就跟中国艺术研究院的音乐专家都说了，蒙古族是跨国民族，并且认我们为主体的。这样的话，我们主动地按照联合国这个规定，我们跟蒙古商量，用外交手段商量，咱们两国申报可以不可以，因为什么？因为联合申报不占名额。我们既批准木卡姆，同时可以再批一个联合申报的，你要再跟两个国家联合申报，同时我们就一次能评四个，其中三个是联合的，这是鼓励政策。结果与蒙古国一商量，蒙古国同意。他们还没有想到报长调，他们原来考虑的好像还是别的。一听这个优先，这个不占名额，就同意了。结果就跟木卡姆一次性通过了，这次就是报这两个，别的国家大部分都是一个，我们就占了一个优势，已经排在前面了。三次四个项目进去了。这就是我们申报的程序，是这样简单。因为这个时期，木卡姆刚进去的时候我们的非遗专家委员会还不齐备，不健全。

我们非遗的专家委员会在第一次——2003年1月18日启动的时候，只有两个专家，这两个专家当场拿到文化部颁发的证书。一个是乌丙安，一个是资华筠，这两个专家被评为民族民间保护首批专家，由我们再筹备、推荐组成一个国家的专家委员会。这之后我们就开始物色，根据需要请哪些人进来，就这个过程。我们两个人一直坚持工作，到2014年云南会议都参加了。正式宣布成立专家委员会后，专家委员会一开始人数并不太多，不过就是十八九个人，后来很快就补上。因为像手工技艺等，那需要不是一个手工技艺专家。手工技艺专家就提出我们这个手工技艺有上百、上千个行当，这就又增加。稳定的就是二十六七个人这样，以后的推荐，就是文化部当时确定的时候，这个专家委员会并不等于推荐"人类非物质遗产"专家委员会，一部分人兼职做推荐人类遗产的。比如说这些教授外语非常棒，对国际交往非常熟悉，国际规则也很懂，这样他们就直接跟文化部外联局一直做政府评委或非政府的人类遗产的评委。这样一来就选出一部分人做推荐，推荐人类非物质遗产的委员。它要求本身必须得是这个专家委员会的委员，才能去做那个推荐国际的，可后来就完全是两摊儿，还有好多专家跟那没关系。那么这个人数不多，我记得我算是一个，就我所知这里边又分，就是一部分只从国内的国家级的项目里面往上推荐。申报的准备项目他可以参与，怎么样翻成英文本，怎么样去参加评审，这又是一批人。

我是属于推荐的，我不管你国际，我没权力到那说话。比如巴莫曲布嫫老师这样的，国家推荐这边不管。就是国家把长调变成国家级，二人转变成国家级，这个没巴莫曲布嫫的事儿。比如，这次我们推荐四个，按年代我们建议这个排第一，这个排第二，都完了以后拿走材料。我们建议都完事了，而且按照国际标准去做文本，这些准备工作有人员去做，巴莫曲布嫫就是管把这个如何申报，用英文怎么讲清楚，讨论的时候把这个推荐出去。然后答辩，人家提出建议或者不同意否决，巴莫曲布嫫就跟人家辩论，补充拿什么材料。她跟中国文化部外联局的领导和文化部非遗有关方面的领导坐在一起。她要发言，先得我们政府官员的话说完，他们现场讲中文，告诉她，她再用外文传达。就是别的评委有什么意见，英语的、法文的都说完了，我们的巴莫曲布嫫得翻译给我们的领导，他们提了这样的一些意见，您要怎么去回答。这个就是我们国家在教科文组织参与评审的程序。

我一直参与国内推荐工作，我没资格去联合国开会，也不能到非洲去。如果那个评审现场在外国开会，中间发生问题需要我的时候，他们就把这个意见赶快传到部里来。部里听到这个意见再转给我，乌老这个问题怎么回答？这个词应该怎么叫？我重点把握的就是项目和其中我们所有项目内容的关键词语，有争议的词语翻译得对不对？要翻译成哪个词？所以，我们好几个词翻译得非常准确，拿去就认可了。如果稍微错了一点，对不上英、法这两个主要语言的话，人家那些评委就认为你这个项目本身就站不住。所以这里说的，我们的评委会里常常在讲这个联合国语境、中国语境，中国官方语境、中国学者科学专业语境的时候就得讲这个。非遗你报这个报不上去，这个词能不能报，这些都属于申报当中必须过关的问题。

所以，像我和刘魁立老师，我们都是做推荐的，一般说有些申报的词语他们找我比较多一些，改动方面我有时候多做一些。这种情况都是必须做的，没有什么神秘可谈的。因为我们国家政府也有自己的语言选定。有时他们要提出来这个词，我们不完全同意时，政府就说我们希望这么做、这么叫，你们看行不行？这就是政府主导，社会专家参与，这个协商达成一致的时候才能向上申报，一般是这样。

后来就变成是每年申报，每年都可以有，就不存在那个预备了。我们不是有一个彝族的彝年，被否决了吗？拿这个例子来说一下，就是我们必须随时随地看联合国教科文组织的补充文件，全世界出现了一些什么问题，经过他们讨论会又确定一些公约执行当中的变动。所以很早时候就已经出现这种争论,就是所谓伦理原则。最近大家都在关注,现在我们基层已经开始讨论了。今年八九月前突然出来一个文件,就是人类非物质文化遗产申报项目保护项目中那个伦理原则[①],原则里头最突出说的东西,也是彝年没通过的原因,我们忽略了,没有当回事,说明我们脑子里没有这个,人家说的那里头有这项。就是过彝年的时候,有各种各样文艺表演,各种杂耍杂技,跟咱们的庙会和过年春节庙会活动差不多,内容很丰富,那确实很好。按我个人来讲,就是支持,提出彝年必须要拿下来,而且绝对在全世界能打响。没想到就因为视频录像,其中出现了很短的、一秒也不到的斗鸡镜头。斗鸡的鸡冠子被啄得血呲呼啦的,这个镜头闪过去以后,他们看见就发难了。任凭我们怎么解释也站不住了。非常遗憾被拿掉了,而且有可能因此这个项目永远不能申报了。以后你说我现在没有斗鸡了,那不行!你曾经没保护好动物啊。这里头涉及一个就是联合国教科文组织支持的一个重要法律,就是动物保护。西班牙的斗牛都没批啊!就是欧美国家最风行的斗牛,斗牛进行曲之类的,多有名都进不去,绝对不行。

另外,中医药找我们,很多人呼吁中医药要向国际申报。现在我们针灸批了是吧?有针灸,那中医药还难在哪儿?就是国际上的专家早就盯上了,你要报中医药的话,人家首先提出来你那

[①]《保护非物质文化遗产伦理原则》,于2015年在联合国教科文组织保护非物质文化遗产政府间委员会通过。

熊胆啊，你那些动物相关的东西不行。取熊胆汁最惨的，那活熊取胆汁，那熊很疼很疼啊，这都属于伦理原则范围内的。伦理原则的范围内，还有一个就是保护人的属性。我们面临的一个问题就是我们有些民俗活动要申报的话，其中有哪些是歧视妇女的？你中国婚礼，有汉族婚礼，还有一些少数民族婚礼，恰恰是歧视妇女的。这些新娘子在进门前又是烤又是烧，又是消毒的，就是怕带来邪祟，怕这个。这类我们都得警惕。

我客观地说，就刚才说巴莫曲布嫫老师，她本身就是彝族，她去的时候我们就讨论这个本子，就是我们一点怀疑都没有，彝年怎么过，她用什么语言都能表达，她的外语又那么棒，怎么讲都在她脑子里。结果她自己也说不清楚了这个斗鸡。就没法辩解啊。后来回来我就说，我说你们的视频让我看一眼，我当时就会说赶快抹掉，肯定的。你们就没当回事，你脑子里就认为这是一个游艺，就是个娱乐活动，跟我们看斗狗啊、斗牛都是一样，是吧？像这个就是我们的申报发展到今天，就要遵循教科文组织的一些新的规定，补充规定的要求，有争议的那些方面，我们尽量一个是纠正，一个是回避。这是教训，但这个教训说明了一个问题，就是联合国的这个公约，我们是签约国，我们不能按我们的理解来做。我们现在常常存在的问题就是，缺少考虑国际要求，比如说吃狗肉等。我们可以申报，这是我们的习俗，但在教科文组织那里就是不行，不能批准。最近还有人说，朝鲜要报吃狗肉，那跟韩国联合申报去吧。我的意思就是说，在申报这里头，有很多是属于这样不能批准的。

我对非遗申报及审批的建议

在我们国家推行这个非遗保护工作的时候，我特别强调非遗要融入生活。就是你不要让我们的音乐家、舞蹈家、歌唱家去按照他们的艺术标准去做这三类非遗。这三类非遗，他们必须用民俗音乐、民俗舞蹈、民俗歌唱这些基本东西去衡量非遗才准。这就是说，你不能把吴雁泽报为传承人，他们跟谁学的民间唱法，那个人才叫传承人，那个老歌手、老渔民、老纤夫是，不然的话就错了。你把老百姓的东西反而弄没了，联合国倡导的主体，民众是主体，你忽略了。

我提出，我们报的不能是精英的，要找民间的，比如长调，必须找民间的歌手。要的就是农民，现在我还放马，还在放羊。我不是哈扎布，也不是德德玛。德德玛19岁我就认识她，她原来是很朴素的，结果非要到学院去学啊，完了以后民间不承认了，她唱的长调应该是最好的、朴素的。她后来做了女中音了，当然也是名家了，但是这就是两回事了。你可以说她是著名歌唱家，但你不能说她是传承人。哈扎布那是真正的传承人，一直在草原，一直到巴林右旗草原，可以庙堂唱，那是来给你表演，但是还是要回去唱，要回农村。

所以，根据这个情况我就提出，我们国家的非遗，如果我们把握不住申报，不融进民间，你的非遗保护肯定要出偏差，现在问题还是出了。只往这个书法、绘画方面申报，人家欧洲的油画怎么办呢，介不介入保护？我们这是传统在表演的东西，文学史上的元杂剧，这个剧也要申报，那欧洲的莎士比亚还没进，莎士比亚的剧不算非遗啊，这不是很简单的道理嘛！我们现在已经很危险了，书法进来了，有一天就讨论书法界的传承人，我说什么是主要传承人？你有师傅吗？因为古代没有书法家，就像我之前讲我自己学习经历时说的，我的书法就是我将来成为著名教授，或者是著名的文学家，但我得同时写手很好的字儿，这是基本功。你不会说中国话，不会写中国字吗？是这样的道理。你不能变成单独会写字的出来一种专业，这不叫专业的。所以我就说越来越这样做那就快了，你看唐伯虎、吴道子也要进来，这不得了。我们讲的是民间画钟馗的那个，比例失调那个，钟馗去抓鬼这是非遗。他师父不是画匠，他师父不是一介画师。我们现在的趋向就是越来越把民间弄到传统了，传统保护是另外一回事。别进非遗，可以保护啊，也没说不保护。古代文学都有保护吗？慢慢地，《三国演义》也就报非遗了，这不行，这是不对的！

在第五批传承人公示前的意见①

很快第五批传承人就要批了，就要公示。公示以后这一批老年传承人可能要很激动，这批人数最多，历来没这么多，很多老人期待着。

我们把这批申报了以后，下一步我可以告诉你们，下一步要解决没有经过申报的那些，现在四五十，甚至三四十岁的手艺人。这部分人应该跟过去不一样在哪？应该优先让他们当上传承人，真正干事的可是这些人啊！现在老的已经都教不了，而让这些人早早提升，就是我们现在工作要跟上的，等这批人到八十多岁了那就晚了。让这茬真正干事的中间力量把这个传承做好的话，他们才是进行国际交流的骨干，真正的中流砥柱。现在日本来到咱们国家交流的那些传承人，个顶个都是英语顶呱呱的。人家跟

---

① "第五批国家级非物质文化遗产代表性项目代表性传承人"申报启动于2015年10月。2018年5月，文化和旅游部公布了《第五批国家级非物质文化遗产代表性项目代表性传承人名单》，共1082人。

你讲，我跟我爷爷的产品做的手艺不同的地方，请大家注意，在哪个地方？有谁没看清楚？看着，这是我爷爷的，这个是我的。我爷爷这个地方，他为什么效果这么好？至今我还没学到。那一点我爷爷不如我，是我在他的基础上有发展。人家日本人就能上去讲。现在我们传承人又培训又干啥，说说你的创新在哪里？他们说不上来，原来我爷爷告诉我的这个事我没弄懂。他连他爷爷传给他那个最好的活他都没摸准，他就当上传承人了。当上传承人，他们手艺没弄清楚，也没把传承情况交代给你，你就要求他传播了，跑到大学讲去了。大学马上就让他当教授，他宁愿当教授什么也没拿出来，有也不给你。有好几个大师，就他那两手绝活不教人，他都是保留的压箱底儿的，尤其他那些个徒弟有几个他看不上更不教，连普通技术都不教。我们现在的非遗传承掺杂进去很多不符合要求的事情，鱼龙混杂就是由于工作指导思想的问题！你别这么直接说啊，你别告诉我哪个是你外甥。现在批准你收五个，你给我留下三个名额，你自己挑俩。我给你介绍三个，结果外甥一个，侄儿一个能行吗？最后肯定不教你那三个。我选的那两个，我教两个出徒，很简单嘛。咱们非遗里掺杂了很多不正确的东西，解决不了，很难。

传承人怎么评？评审标准是什么？这些标准就是不允许有的人进来！现在我们有的教授就要接着当传承人，他就想办法找，说我小时候跟谁学，最后怎么过来，是什么流派。我一打听没这回事儿，编的。自己教授手艺是不错，我说你做美术大师没问题，最著名的工艺师、艺术家这都没问题，但你做传承人不够。跟你一起的那个同伙儿那个老太太才是,那是她爷爷亲自教出来的,她们准有评。你不能说现在传承人值钱了,传承人这个名称还能领些经费,不仅给个人经费,还能给传承经费,传承人出来越来越多。那怎么行?我说这个作风我不太赞成。

非遗申报产生的问题

申报非遗的标准，最重要的一个，就是从启动到今天继续发展，自始至终要记住一个：不能把非物质文化遗产最基本的概念丢失！离开它的这个概念，甩掉的项目太多了。

就因为这个我有一篇写关于如何申报、如何鉴别项目的文章，那里头我原来讲的是7类，现在已经补充到20类了。属于这20类范围内，你就别想，根据什么？它不是非遗。我举个例子，广东和湖南分别偷偷找我提出申报，要报发现了明代的抄本《三字经》。"人之初，性本善"那个手抄本，他们要申报，他们彼此之间不知道怎么互相知道了，就不停地讲，我们这是真本，他们那是假的，互相揭发。我说你们不必争，白争，这两个都不达标，他们就很惊讶。这绝对是真事。我说你们怎么就认为它是非遗呢？这不是文化吗？他们说这怎么能不是非遗？我说他不是抄成本了嘛？我建议说，也别耽误你们，你们赶快找国家档案局或者相关档案馆，起码你省的档案局先把它收了。联合国有一个遗产项目，叫文化记忆，标准的叫法是《世界记忆名录》。我们《黄帝内经》已经批准进入，成了世界的。还有就是满文老档案，北京故宫和沈阳故宫的满文档案，从顺治甚至在那之前努尔哈赤、皇太极时期的满文档案，一律都进了世界名录的了。那你这个就是古代文献的一个手抄古本，就由档案局保管起来。

我们识别非物质文化遗产的工作里，国际上的公约里边有九项保护措施。其中第一个就是确认，所以我们首先就普及如何确认，必须得确认清楚。浙江报上来了，整个文本写得非常好，但我们根本就没必要拿去讨论，也没给专家组看。我们接到以后一看就是不能进，他没资格进。为什么呢？它是水稻田里养鱼，稻鱼共生。可是我说你仔细想想，你稻鱼共生是物质的啊。鱼是物质，稻子也是物质，它们两个共生，这个技术是农业技术里边的物质的东西，不是非物质的。关键还不在这儿，如果联合国没有别的规定，我们勉强还能弄上，我们说的是这个技术这个方法，完全是合乎的。他们思考得对，确实是非遗的思考。但是联合国粮农组织不是教科文组织，人家有一个项目，叫农业文化遗产。人家农耕文化遗产里边就有这种，你两种传统的农业技术创新了，保护得还好，双丰收。所以我说了，我说大闸蟹都可以报，但不能报非遗。你就是稻田养蟹，稻蟹共生也不能报非遗。后来还有一个少数民族哈尼族，报过梯田，梯田这是我们的非遗，是我们最好的智慧什么的，你怎么往那文化上靠？你那是农业文化遗产。所以，到最后稻鱼共生这个批了，咱们让他去换方向申请，结果联合国批准了是世界的农业文化遗产。这就告诉你，就是概念，必须要把握住那个无形文化的那部分，必须是属于联合国非遗保护公约里边的范围，不属于这个是不行的。所以我才发现我们其实有些就搞错了，比如拿着五六本印刷的民间故事过来报非遗，这都是失误的，就是说问题大部分是出在这个上。这是第一个。其他刷掉的是什么？有的是把研究成果拿上来了，他觉得研究非遗可以报，我说你的这个论文竞赛或其他什么的都可以，你把研究的成果作为申报，这个不合格。研究它跟这个非遗本身要区别开来，这是第二个。第三个就是已经失传的。他是从过去的老的文化资料，或者是志书上、文化史上发现他们这儿有这么个习俗，或者有这么个东西。他们弄弄就报上来，我们一了解现在不存在这个东西。他写的全是清代以前，或者说从宋代就有，但宋代以后没有，发展到今天问老百姓都没见过。这就是搞历史的人，搞古代文物的人，就想把那个文物转化成非遗。就像咱们说的，我们这天坛有祭祀，有古代祭祀，古代祭祀你没有了啊！天坛办古代祭祀现在早就没了，你只能到物质文化遗产那边报，你得到文物局去报，不能来文化局报，就是这个意思。

  还有就是编造，编造想象，于是硬是按照非遗标准往上凑。我们一找他谈话，发现是他想出来的，很多就是一些学者在那儿坐着编。还有一项河南的，他们要报《易经》，报《易经》完了以后，他们报的传承人都是河南著名的一些易经研究家。他们直接找到我，我拒绝见他们。结果我在杭州，他们就直接进我屋了，说："我听说您在这开非遗会。我们都来了，我们就是传承人，全国研究易经的人都知道我们三个。我算的卦还挺灵。"我说你老师是谁？是哪代？那代再往上的师傅是谁？他说我是研究的。我说那你们这样吧，可以报是可以报，我们国家对于反封建迷信这是有规定的，能不能批是一回事，你先按照非遗的标准去做。我就提出来了，你找一下河南省，现在活在民间的那个老爷爷或者老太太会掐指一算，看看他的师父是谁？师父的师父是谁？他记着没有？那些人家子孙有没有会的？就是你找一个符合非遗传承的，这个占卜的，我就可以给你报。因为韩国准备要报，韩国的"易经"就有资格报了。他们从李氏王朝时就没断，给皇家算卦的，一直到今天他们家还算，在国际角度讲不存在反迷信，这个就是遗产。所以，将来一旦韩国报了，可能有人还说，他们准备的是易经演算。那不是。一直就是他师父也是给人算命的，他也是个算命的，街上摆摊也有，自己还有个字号，占卜馆，这是生意，生意文化，活着的。这就说明一个问题，就是你必须是非遗，而我们常常在这上边争议，从最近这个趋势来看，我就发现一个问题，我跟文化部领导也提出来，但我没强调。就是请注意一个，你看第一批国务院公布的那个十大门类，它是怎么叫的？你再看看这第四批十大门类，怎么叫的？变化了。

原来都是叫民间，民间文化、民间戏剧。2008 年第二批才叫传统舞蹈、传统戏剧。[①]错不错呢？不算错，但是容易有歧义，容易让不是非遗的钻进来。这就是说，比如将来是这个《诗经》《楚

---

①详见刘勍著，《中国非遗保护与研究 20 年》，中国文联出版社，2020 年，第 65 页。

辞》，传统的这些都要进来，元杂剧要进来，花鸟画、山水画，那是传统美术啊，你不能说它不是。我们说民间美术，意思就是庙里边的壁画。民间画的画连农民画都不能进，因为农民画是后改造的，是画家甚至还有油画家教出来的。你考察历史去吧，民间雕塑家就是神像雕塑，卖泥娃娃的，泥人张这样的。这个德国留学的泥塑专家，你是不能做传承人的。可我们变成传统文化，这是大概念！按照联合国的标准，要那样的话，外国的油画进来不？外国没有一个是，梵高的油画也没报非物质文化遗产。著名的画家，这些都不能算。唐伯虎的你就报不进来吗！那个苏东坡、王安石，这些人古文的那些文章，就不是民间文学，而是传统文学，传统文学要报苏东坡就不行！所以，现在已经出现了这个趋势，有些传统文化传统的一些东西就往进挤。原因是什么呢？他们有一个概念，就是扩大非物质文化这个概念。

非物质文化遗产这个词，是一开始就锁定了两个概念，一个完整的词汇。就是非物质文化，下边是遗产，单独的非物质文化是没有的。你要单独变成非物质文化，那就太多了。所以，现在就是说中国的传统美学，这是非物质文化。你找啊，它没物质啊，但它不是口头遗产，不是民间遗产。这将来就有可能唐宋的一些什么画家都进来，那些人都变成传承人的祖师，我现在画的就是那个流派。我书法学的是谁？我临的是颜真卿的，我的草书狂草是学怀素的，我的祖师爷是王羲之，这样就完全错误了。外国的马克·吐温的小说也没进来。你将来弄《三国演义》都进来了，但《三国演义》说书的口述，《聊斋》在那讲鬼狐传说，这个是民间的。所以，我一直到现在，在我的笔下依然还是民间，我不拿传统，传统是很容易钻空子的。现在就出问题了，书法进了世界人类遗产了，因为什么？就从古代传统文化来讲，古代传统没有书法这个专业，所谓写那个毛笔字写得好，都是哪个府的府官，哪个州官，哪个县令，还有哪个文人进士都有职业，苏东坡也是有官职的。因为什么呢？过去从蒙学到国学顶点，所有人写字都是那么写的，就连我自己都是。我是五岁学四书，六岁上小学，我的书法一直写到今天，但我不是书法家。写字要临帖临谁的，先临谁的，后临谁的，最后独立的时候要看唐寅的，然后就是扬州八怪的。这样的多流派的形成，才出现了书法。现在出现了职业书法家，出现了要申报书法非物质文化遗产，书法的传承人。这样的话非遗发展到今天真是到了一个坎上了！

非遗热和概念化

现在是文化热，非遗是文化这种概念就是在文化界有这个说法，但这个说法全部是谬论。因为非物质文化遗产是一项工作，它不是文化本身，它是要去保护，保护这种文化。你把这个非遗又变成非遗的文化，就等于说了一句什么呢——我们正在做非物质文化遗产文化，没有这种文化。非物质文化遗产将会5000年、6000年一直保护下去，这个保护是永久、永恒性的，不是告诉我们保护20年以后就不再保护了。比方民歌山歌，遵义民歌，井冈山民歌，就是老革命，还要唱传统的民歌，怎么发展也离不开民歌。民歌什么时候不唱了，也被否定了，那就算消亡。就是不存在。目的不是说非遗可以不要，而是要利用非遗性质。非物质文化遗产保护是一项工程，大工程，而且是带有永恒性的性质。有些非遗它是一种动态的，就是说到一定时期它的主体，也就是说民众，用现在的话说就是社区民众，社区民众越来越排斥它，不要它了，生活中不需要它了，没有这种文化需求了，那它就自动的没有了，跟过去已经消失的东西是一样的。那么为什么就无所谓了？就不存在这个非遗呢？是因为我们已经用现代科技保留下来了，保存下来了，但生活中没有了，就不停地往下传那个影像。将来网络是个什么？速度甚至比光速还快，那是以后的事情。但往下传那个了，生活中没有了，这样的话就是非物质文化遗产，我一直主张就是根据现在保护这个情况，要逐步地都融入生活，这是最终的目的。不是挖掘出来以后就完了，不是这个意思，要进入生活。

它不是一个商业化的事情。它一定是有一个比如保留、保存和保护，它是分等级的。有些不太适应社会发展的，比如我小的时候有锔锅锔碗锔大缸，是那种传统的老手艺。那现在我买个瓷碗，买个盆都已经非常方便了，不需要修补了。这种锔锅锔碗锔大缸的记忆就给他先录一段，就是留一个影像，有一段记忆，有个常态化的保护。

将来像这种保护就是很复杂。因为生活是很复杂细致的。我们现在说保护这个，有人就说保护它干什么？我可以拿刚才这个例子来说，比如说锔盆锔碗这个职业，现在出的那个碗什么的，那些瓷器很美的啊，而且还很坚固。另外就是有的是啊，我打碎了这个，我买那个，那个比那打碎的还新还漂亮。但是我们还强调保护，在干什么？锔盆锔碗的那个技术，我们可以逐渐在生活中淘汰，但是有需要的地方，仍然还有这个技术能传。为什么？宫廷里边明代的瓷器，清代的瓷器，中华人民共和国第一代的瓷器损坏了怎么办？维修的那个还会用这个技术，你要考虑这个，但用不着培养 10 亿人都去锔碗。京剧到那时候还有人喜欢唱，或者还有个别人研究，还继续传，就可以继续保护。不是要求全民都唱戏，没有这个意思。你回到生活就由生活做主，由社区民众他们做主了。他们也不是口头上说，而是在生活中逐渐被淘汰了，但它检验的标准必须是生活作为主体。

第六章 非物质文化遗产与学术研究

非遗的价值体现

民俗和非遗它是不太对等的东西。我前面讲，非遗的发起就同某种文化现象特征一致，是把它归到非遗里了。除这之外，它自己本身就没有一个能跟别的相区别的东西。比如说音乐。我们说音乐，为什么川江、长江三峡的纤夫拉纤号子就是国家非遗，它报人类非遗都行，是吧？这叫非遗，但是它本身又是一个川江、长江的民俗，长江险滩的一个民俗。下游没有，下游你坐船，千里江陵一日还，这哪有纤夫啊？纤夫只有在险滩、三峡的各种江曲里拐弯处，上水船才要拉。

逆流而上，那是特殊地段。这个风俗在那儿出现了什么？出现了一部分土家族，一部分汉族，重庆土家聚居一部分，川江的四川人是汉族的。他们一起，这两部分都符合非遗，为什么？他们属于民间传承，这是民间的必须得传下来。另外，它是濒临灭亡的，再就是它是活态，有活态形象的、独特的这种非遗，就不是用物质能体现的东西，是一种精神状态。这不是动作你能不能看懂，这本身就是非遗，可以确定。那这个东西在下游的话，你在长江的下游临近南京那里，你还能找到吗？就没有这个非遗。下游那个船家、渔家报非遗，你有歌你报歌，行船有技巧，或者造船有特殊技艺，都可以报。

现在明代红木家具已经申报了非遗，是木刻、木器制作技艺。好了，这个是制作技艺，他制作的那些技巧有的能叫上来，有的那个最精彩的地方叫不上来，甚至有些词没有文字，都是口传心授的。你比方有些椅子腿，有一个特殊功能，这个功能是往这也不倒，往那也不倒，很稳。这叫狐狸腿。就再往外撇开，它的支撑作用跟这个直的腿支撑方式不一样，它从前面有力量。这种技巧怎么做的？所有这些手艺，还有很多叫法，还有一些土话、方言，那个东西就叫非遗。我们说是明代家具制作技艺，是指那个叫非遗。制作的手艺、制作的方法里面那个特殊的绝活叫非遗。那么做一个品种不一样，我们要的是哪里不一样，得叫出流派来，叫出名来，甚至于时代、地点。这牵扯到材料上，这个木头只他们有，别处就没有。都是楠木，这叫什么什么楠，这是檀木，这是什么什么檀。所以，材料的组成，制作方法的一些秘诀，那个是用眼睛看不见的。

就像我说那个茅台酒、二锅头。二锅头为什么报非遗？是二锅头制作过程当中，那个时候蒸馏出来、再滴出来、再拿出来的那个酒就叫二锅头，就不能叫头锅酒。再稍微过一点火，火再大一点，二锅头就做废了。那个是非遗。我们说它绝活、特色是指这个叫非遗。我们不能把所有手工艺产品都叫做非遗。那个慈禧太后的，东陵大盗最后从她那个棺材里盗走一个翡翠西瓜，事实上就那么一个翡翠西瓜。那个手艺谁做的，这个能查出来，这个人肯定挣不了多少钱，就是给皇家干活儿。他老板给他很少工钱，那个老板能得很多钱。翡翠西瓜是无价之宝，那个技巧究竟好在哪？翡翠西瓜不是非遗，关键是这翡翠西瓜是怎么从材料到翡翠西瓜那一整个过程，谁先、谁后、用什么刃具，这些东西综合的那个叫非遗。这个东西一拿下来，传千年、传万年。所以才说是你拿了西瓜，你传不了。你跟我学，像下面该讲西瓜子的手艺了，西瓜子怎么做？怎么往里镶嵌，能不能合上？动一下之后西瓜子会不会掉了。如果说我这个西瓜做出来，你怎么都打不掉西瓜子的，你的技术在哪？这个是非遗。有这个共性，不管什么都叫非遗。你现在把东西拿来，这是少数民族的椅子，苗族的，这不是非遗，记住。所以我在2005年第一批名录申报完了以后，在苏州不是开了一个"中国非物质遗产保护·苏州论坛"吗？那次会上我说概念这么混乱，各地都叫苦，报不了。

我们的工作有问题，各省市就拿着民间文学三套集成的那个本，拿去就报上了民间文学，什么什么地方的民间文学，一本书就报非遗了。非遗评的是：你这600多个故事，你们那地方有多少人讲？你怎么讲？都是牛郎织女见面，你那个地方村子里头有三个老人，讲的还不一样。报这个，活态的，重点在讲的还不一样。这个说牛郎是这样，那个说牛郎是那样，织女是第几个姑娘，都得有说道儿。什么是非遗？是口头传统，活着的还在讲故事，这叫传统，这叫传承，意思是告诉你保留它，别丢了。大家都在看格林童话,格林童话里面的那个灰姑娘公主,灰姑娘公主鞋丢了,最后团圆的那个故事。这个故事中国唐代就流传了,我在美国发表的文章就是关于这个世界著名故事,我们国家9世纪就收集了,你们13世纪才发现,我们文字都有,写得清清楚楚。这个就是我们要想研究的非遗,不是研究你的本上的,我们恰恰研究的是那个故事是怎么传的,其他故事又是怎么传的,这个是非遗。说这个东西本身,或者是一个动作本身是一个非遗,它不是。

到天津吃狗不理包子,我一吃,就知道这不是狗不理。那有啥根据呢?不同的那个东西,恰恰是申报非遗各个地方包子的根据。最关键的是馅怎么拌的,你不能说我放的添加剂。做出这个味道,人家是把手艺拿出来,而不是讲这个东西好坏,哪个好吃。必须说他那个手艺,就是火候蒸到什么时候,馅到什么时候煸,就是在火上煸。像老边饺子,关键就是煸馅。火字一个扁,它不简单,这个有火候。再用各种佐料拌,不能再添别的什么东西,而且不能搁时间太长。这个情况下包上,蒸出来就是那味。那个东西是非遗。我们必须讲得细,弄清楚非遗。这就是我说茅台酒蒸馏的那个手艺的精妙,甚至眼神都在里头。好,到这儿,停,停火,这就成了,这叫非遗。不是说茅台酒勾兑出来,也是茅台,也是非遗。非遗是精神层面的东西,有时候是你看不见的东西,只有心领神会的,只有体会了才能做到。就像这个木刻、雕刻,为什么这个人刻的你觉得太神了,徒弟怎么也不行,那么徒弟输在哪呢?他不告诉,徒弟接受的不是真正遗产,只是皮毛技巧。那个非物质文化遗产恰恰是都做完了,最后像鲁迅说的眼睛似的,就在那边，我就点两下出神了。那个就是木刻、雕刻的关键环节。所以，我们提起非遗跟民俗之间，跟其他的区别是在这方面的区别。一定要注意它不是东西，别在物质上做文章。

有的技法是可以看，但是那个他不显露你就拿不到。他就做一个动作出来，就比别人强。他不告诉你，因为中国的手艺历来有一个特色，就是留一手问题。各国其实都一样，因为是技巧的东西要制作就有竞争，它在竞争什么呢？一个是竞争原材料，你没那个货，你那个玉不是和田玉，你就卖不出这个价钱。另一个，和田玉都在手里，但我这和田玉出来以后，大伙都来买，不买你的。原因在哪里，你就想不出来。告诉你也不会，那个没拿出来的东西，恰恰是非遗最关键的，传承这个。当然，我们现在说保护这个遗产要做到那样，难！传承人本身就难，他想，我爷爷的手艺到我这儿弄丢了，我教给别人那不行，家传是最难突破的。师承还可以，我教徒弟。我祖师爷姓魏到第三代姓吕，他都能说出来，门派不丢，有饭吃。但现在就出现了这个留一手的问题，我们国家要去做工作。

咱们现在的指导思想是你把你这个绝活交出来，教给大家，培养一堆学生，不就繁荣了吗？我说繁荣了，那就是我们的旅游点卖的那些，哪都有。我们在故宫门前设立了这个创意美术产品的商店，这回我们把这个国家级的非物质文化遗产，比如翡翠西瓜投入大量的生产，那个卖的钱肯定是西瓜钱，绝不是翡翠西瓜钱。其实就没弄明白这个事，越高深的手艺背负着文化遗产难度越大，特色越突出，几乎是一般人不能做的，才能达到这个。所以，非物质文化遗产别指望说把所有的手艺一次性都传下去，全民中小学都学，那叫传播。你挣钱是你的事儿，我们家孩子不需要这手艺。

我们手艺是有专门的徒弟传承，他发展下去依然是有专门的徒弟。你可以多招几个，可以不要保守，可以放大，但不能铺成片。因为不能要求，比如那个明代家具，家家户户人人都坐上明代的椅子，这是错误。包括戏剧、京剧，一说京剧现在萎缩了，京剧谁唱啊？就那些人唱挺好。京剧不能要求所有人都唱。

传承需怀敬畏之心

我们说传承，就拿传统的、家家户户供的灶王爷来说。供灶王爷应该是早就淘汰的吧？过去反对的。现在我们还说，如果家里有印木版的灶王爷还供着，按照非遗的标准来说，活态在那传承，就叫它传承着。最后我们这全村就剩一家在那供灶王爷，也还叫他非遗，他的生活中还有这个遗产。说你这是遗产，保存到博物馆了，就保存了一段录像。他那生活中还在传，带着他孙子还跪下。说传承，腊月二十三，别人家过你不过了？那就要过，不能下令你别过，其实就是这么个意思。保护的意思是保护人的需求，但现在很明显，很多农村烧煤气了，你说他还要灶台吗？老百姓自动地拒绝，不再供灶王爷了。你要到我家我有，我是研究民俗的，说不好听的话，就是研究灶王爷的，我让孩子知道，让他们看看在那儿呢，爷爷那有，你到我那找，我就是让我的后辈儿子、孙子、孙女、外孙知道有这个事。我说咱们现在这里没有灶王爷了，做饭都使煤气的。我说过去怎么祭祀，我教给他怎么祭祀，这就叫灶王爷。

生活越变越好了，过去是信床公床母是吧？现在床都舒服了，但是有的人家还有信的。比如，这两天老做噩梦，有的老人就说咱们把床挪挪，肯定有说道儿。完了一了解，说楼上那家那个老太太那个床，正好在咱们床神这个位置，咱们换一个地方吧。咱们把床挪挪，床上的时候心安，果真睡好觉了，心理治疗完了，其实信仰就这么点事。过去厕所不是信紫姑神吗？那也很珍贵的。我们那时上厕所，在厕所不许乱说话，特别不许说骂人话。两个小孩吵闹，一起上厕所就不能吵架了，安静点，大家都听话，规规矩矩的。别没事动不动就吵架，说脏话，什么孩子！真的厕所有神你知道不？你嘴里说什么话呢？这实际上起的是这个非遗的作用——精神文明作用、道德教养作用。我再拿这例子来说明非遗的保护，这里面哪些是随着生活的需求而变化，他只要有需求，哪怕就剩两个老太太去，这个村别人都不去了，也不能因此而拆庙，应该是这样。甚至最后直到那两个老太太都不去了，这个庙就变成古迹了，庙会就消失了，或者庙会转型了。欧洲现在一到每年9月圣诞的市场就来了。卖圣诞的这个巧克力，各种各样圣诞巧克力。卖基督教、天主教的那些东西都出来了。一直到新年完了，过个七八天就没有了。俄罗斯是阳历1月7日圣诞节，这个国家的人信东正教，就得过了新年以后第七天开始是圣诞，这都有自己的特点。那最后也是年轻人越来越世俗化，也不进去唱圣歌了一样，但是你像我去那个教堂，就剩那几个老人了，还是灯火辉煌，大家都过。年轻人是为了满足老人需要，而教堂里边还是一样的，就这两个信徒绝对完完整整过下去了。

我们的国家传统不一样，因此就出现这种情况。就是有些地方政府做主了，那庙要拆，马上就要拆。尽管有些老人说，"唉呀，这个庙拆了，将来咱们怎么过呀，背后是不吉利啊！还有那个庙前面那个水塘不能填啊！那是风水啊！"风水观念很重。过去那很重要的水塘，现在就要填了，说是要给大妈们弄个跳广场舞的地方。他说你看我们这个山，这是笔架山。这边村道非常直，谁都不敢在这个道上做什么。道的这旁是水塘，沿着水塘这条道进村。说这有讲究，远远看着村寨格局非常好，人家能给你讲出来，这叫笔架山，这条道直通山底，车到山前必有路。这个路是笔架在山上，左池右林，左边是一个池子，右边是树林子。这是什么东西？是这个村子风水布局人家这是笔直的，为什么老要讲笔直？你看村子，我们这地方是出状元的地方，左池砚台，现在整个村子都在填水坑，说环保了什么的把池塘填了。填了老人就说完了，咱们孩子上大学没出息了，出不来有出息的人了。

右边这林就是树林子，树是一根根的笔。成果都在这边，这是根基。所以，那边林子都不能砍，随便砍不行，尤其到了西南少数民族那里，有很多这样的村子。他们单独要有一个柴林。别人说你们这绿色生态保护得非常好！他们说对，我们这有专门的柴林，那个山翻过去，那块是全村的藏神洞，这里连一棵草都不动，并且告诉你哪棵树是这个林的林神，我们都得挂红、烧香。这是多高的一种文明的精神。所以，那样的村子往往都说，我们出了三个进士，谁家谁家的，还有几个贞洁烈女，有守节牌坊在那儿，这叫村落，这叫村的传统文化、传统民俗。所以，山西大院那么多，一般周围都有水，不是河就是小水池，水塘都有。把风水破了，湿地没了，就扬沙，就要受到惩罚。你要用科学解释，科学能解释，但老百姓是信仰。

现在大家都要在非遗这里做文章，都在探讨非遗，企业也伸手要做。我说非遗这个东西要保护的，这里头最重要的一个，是我们要记住非遗背后它真正的内涵是信仰的东西，道德的东西，精神文明的东西。你只看到你可利用的这一面，可利用的一面就是物质的。所以，我们极力强调非遗的所有项目，必须突出的是它的核心的那个精神的东西，包括传承人的传承这套规律。这里边大量的就是非遗的东西。就是你祭祖这一套程序都是让尊敬老人，尊敬祖先，讲人伦，讲和谐、和睦、和好相处，夫妻如何做，如何尊重大自然。祭一次祖，就是巩固一次家庭的和睦，教育一代新人。我们把这个都扔掉了，也不信祖先了。评上非遗以后，村落旅游也开发了，于是这个祭祖一天表演五次，还要卖票。而且他们表演都是嫡孙，就是最直接传到那一代的第25代孙，高中生不念书了，一天就五场表演。我就老说我有什么办法能治治他们。原来最早我做非遗工作之前，退休以后70岁时，曾经有两年，旅游部门老找我，让我给他们设计民俗旅游。每次去了以后都是吵架，我就说这个不能开发，这个是民俗，本身不能做景点，要考虑我们的传统。结果有一次我非常生气，我就说永远别找我！后来这非遗不是来了吗，我就到处强调到处讲非遗保护。我常常举旅游村的例子，破坏了多少非遗？你懂得非遗就知道尊敬人，尊重人家的风俗。人家这个风俗，法律都保护的。

我说第一个问题就是这十几年，我们的非遗工作者，基层换得太多了。普通工作人员、保护中心、非遗处这些下面的工作人员不懂非遗。我的意思要重新办班辅导，扩大范围和专业人员数量。传承人现在就被误导，脑子里赚钱意识很强，没有规矩意识！

唐卡就这么画呀？唐卡是修行，唐卡不止是艺术。当你进来的时候，得在喇嘛庙的那个东殿学，拜了药师佛以后，沐浴更衣的，念着经在那儿先描。画整个的像，最后才能画眼睛，上色的时候怎么画，点金粉怎么点，整个过程都是神圣的。现在你去看，人歪戴着高尔夫球帽子，这么一坐。一说哪里来的？美术学院的，招进来的。一进来嘴里嚼着口香糖，对面是文殊菩萨或者是绿度母。转过头来，哥们"唉"，和别人打招呼。一说都是美术专业的学生在那实习呢，要学唐卡的时候，我就跟他们老师说，这样永远学不到手。人家那个画一幅图，给某个庙定下来的，是花了六年才画完，最后出去往那悬起来一挂，你不跪下也得跪下，那真是佛神。就你这嘻嘻哈哈的，涂颜色的时候，找那个不会画画的，"你这个蓝颜色都给我涂上颜色啊，我抽根烟"，都这样。

人家作画，整个过程是修行，嘴里在念着绿度母的经画着绿度母，念着文殊菩萨的经画着文殊菩萨。整个程序该怎么怎么的。没有说这衣服完全是用红色的，"唉哥们儿，你给我红色，然后帮我画一下"，就乱画！那样出来的还能好吗？思想没有，他精神不能贯注进去。人家要把自己信仰的那些最干净的东西渗透到笔墨里，渗透到一点一滴中。所以，藏传佛教的最重要一个佛教艺术就是在坛城，坛城那几个喇嘛，一面修行，一面进行着彩色沙画，都做完了以后，就几秒钟全部毁了。他就是要解决这个问题，就是花花世界其实一切皆空。所以很多人，很多美术家去那儿录像，想把最后那个成品录下来，没等你反应，人都弄完了，推了变成灰色。彩色一集中完了以后是灰色浅灰色，然后搂上沙搁到那个坛子里，念着经向河道方向去，最后一扬倒到河里流走。他那沙都是用植物染的彩色，基本色五色，对应五方佛及五智。做那沙子时候，还要选沙。选完了以后做的时候就开始念经了，那沙是神沙，不是随便弄的，我就说这是非遗。我这几次讲，我说唐卡的非遗，唐卡的传承要按照人家藏传佛教规矩传承。现在已经变了，就指定要求那个藏传佛教的唐卡艺术家，要求他收个美术学院的实习生，甚至博士生都去实习，结果他没办法，他就收了。这边是他的徒弟，你能看出来那个小喇嘛在那儿画，你们怎么说，我就像没听见，全神贯注在那儿。他在默念经呢，让他干这个，尤其画到最后要给菩萨点眼睛的时候，那要三四天看着那个位置，就怕点不好。等到了那个最关键的地方，自己悟到了，到时候很快点完。你看吧那眼神，你怎么看怎么觉着菩萨在看你，可准了，而且那个慈祥啊，爱护啊都能感觉出来，那才叫神像。

老百姓自己的庙，越是那个比例失调的那个劲儿，他们越信奉，就说我们村的庙就是神。我就看着奶奶娘娘的像，真是神有神劲！有个美术学院做了一个王母娘娘的雕塑，三层楼高的雕塑，落成后日本华侨拿钱。他认为他们是这个王母娘娘的后代，结果叫我去，说乌老请你来看看，瞻仰瞻仰王母娘娘，这是美术学院的雕塑系集体作品。我一般见到神像佛像我是给磕头的。我看了这个，我也没磕，我一看这不是王母娘娘，我说这整个一个篮球明星！这跟咱们打篮球那个动作差不多！我非常恼火，我说就这你们花了多少钱？他说钱不是咱们花的，我说你们给人家糟蹋了啊。在中国没有这样的王母娘娘，那脸老大了，她眼睛睁着老大了。就是我们一般做艺术，你要塑像，你去看有些美术学院做的那个屈原的雕塑，完全是话剧屈原那个演员演出来的。眼睛是这样的（演示了动作），还说是在念《离骚》。

藏传佛教的艺术，包括雕塑、唐卡，那个水平之高，就是因为它是一种修行。就像佛教音乐和道教音乐，中国艺术研究院田青教授研究的，他说那个真正的宗教音乐不是音乐学院毕业生去穿个服装就奏，真正的宗教音乐你听那个音乐，看他们吹奏，你感觉确实有宗教的教义精神在里面，是这样。我们现在呢？好多也穿着道家的服装，在那庙上吹，一问都是中专生什么的，没有精神状态。我们现在很多东西看不出精神来。因为非遗它的保护里头本来核心是这个最美好的东西，而不是那个东西能值多少钱，可以不可以改造成这样，要不要添点别的，脑子就想这个。

世界共通的非遗

你看我的文章，吃石榴不要这种龇牙咧嘴地吃，要细细吃，那得讲究。一个成熟的石榴，扒了皮之后一共有十个房，十个膜包着的，一小房是十，十房为百，榴开百子，就是百子图。所以当你多生养孩子，多子多孙多福寿的时候，你这个构图里边，除了这一百个不同形态、不同色彩的小娃娃以外，各处是石榴花，是裂籽大石榴做边。你欣赏的时候，脑子里头是那个精神出来。图里这个石榴是必搁的，你不搁石榴搁什么？那你就搁一个别的，这就可以有别的象征多子多孙的那个东西，所以我们知道这以后吃石榴可要小心。

当我们知识丰富了以后，发现石榴不是中国的，产于波斯。什么时候进来的？汉代进来的。张骞出使西域两次都带回来了，民间根本就拿不到，带回来的石榴都送给皇帝。张骞带回的是非遗，不是物不是石榴。带回来这是什么呢？就是石榴原产地这种习俗，结婚时或者结婚以后，在这个长纱裙里面就挂着这种果子，新娘子就挂这个进门来举行仪式,然后把这个籽吃了,这多籽不是吃了吗?这些籽还要栽种,叫它长芽,然后生了石榴花。于是在东京洛阳的宫里,宫里边的后妃全都吃石榴,全都挂石榴,这么来的。这种信仰进了民间以后你把这个拿着再到伊朗看,然后到古文明国家埃及再看,再到希腊。你一看,希腊神话的造型,希腊神话的赫拉,就是宙斯的太太,也是他的姐妹,她象征着古代亲姐弟可以结婚的内婚,内婚制母系社会时期,只知有母不知有父这个时期。这个赫拉是天后,她神职是干什么的?一了解,希腊人告诉你,管婚姻的。我们再看她的打扮,披着纱,婚纱就是学了这个希腊神的雕刻雕塑上的纱造型。一只手里拿着权杖一根,神圣的一根杖,代表她有权。她是王后天后,权杖上雕刻着一个小杜鹃。这个杜鹃是谁呢?杜鹃是她的弟弟宙斯,也就是她的情人。每次追求她的时候,为了让她高兴,宙斯变成杜鹃鸟,围着她转,逗她欢乐,于是这个神鸟的造型就在她这个权杖上。另一个手里拿着石榴,石榴在面朝上的碗里,这就是告诉你结婚后要多子多孙。

　　石榴信仰希腊有,中国宫廷里有,一直传到今天,我们才知道这个习俗是这样的。到日本一看,日本的佛教寺庙里都供着那个鬼子母神,鬼子母神就是保护儿童那个神,一看就是这抱着一个小娃娃,浑身都是小娃娃,但是左手伸着拿着一个石榴,上头两个石榴。然后你就想知道了,这个女神怎么也拿着这个呢?佛教再一查,你就查出来,就是释迦牟尼佛超度来的一个神。我们新疆出土有个女神,还有一个离阿富汗不远的地方,古代是佛教圣地，那个地方也出土了一个女神，最后发现女神手里都拿着石榴，我们就说，这是古代最原始时期鬼子母神的形象，现在还在供着。我讲的这些都是在非遗里出现的，这里边你深入一讲，就是所有的佛像雕塑，技术是非遗吧？手工技艺吧，你知道要刻着石榴的，你往上一深追，这有很多佛教的教义在里面。

很多人怎么就不明白这个道理呢？我觉得我们对非遗的正确认识是在这些地方，深入进真正的基本观念，我能拿很多例子来证明非遗的精神内涵。所以非遗保护不好，最后造成的恶果就是你没文化，断层断根，最后有的国家不就是什么都没了？那就没办法了。

所以，从人类发展史上看，我们现在为什么下大力气要搞非遗，但别胡来，别庸俗化，别商业化，才能纠正过来这个风。我对传承人都是很尊敬的。我过去到黔东南凯里给他们开会辅导，他们对我的印象很深。当地对那次会很重视，州长州书记，所有的副职，而且各行各业的妇女主任都来啊，全都很重视很当回事。咱们也很尊重他们，但是有一个事情我没买他们的账。我进去了，大家都说乌老来了欢迎。坐在那儿。他们就说乌老你先讲几句吧。我就说传承人都到了吗？州长就说都来了，都在后面坐着。我说请站起来，我一看，站起来一圈，老太太、老伯都在后面安静地坐着。我说："州长，我大胆提个建议。是不是把咱们这一圈退下来，让传承人都坐在前排，我也退到后面，咱们大家这么安排。这个会主要是开传承人的会，没有传承人，就没有我们黔东南这个苗族侗族的遗产。"后来，他们有人告诉我，乌老待会儿照相可不能这样啊。我说我待会儿还要搅和，传承人就在前面坐，必须改这个风气。别的会我不管，我也没权力。非遗的会，传承人是最受尊敬的。

我去日本访问的时候，人家这个传承人，那个老太太、老爷爷很有礼貌地接待你，你就放下架子。人家的学者，东京大学的教授都是我的好朋友，民俗学家都特别安静地在后面坐，对传承人很尊敬的。传承人开始表演的时候认真坐那儿听，按照规矩听，哪个地方是必须要赞美，发出赞美的声音，它都有固定的地方。我第一次访学的时候才知道，他们讲民间故事，只要开讲，下面大家都按听故事的规矩，所有的人都可以赞美。凡是故事里写的那个救了什么小兔子啊，或者老奶奶说的什么话的时候，都是要像咱们京剧喊好那样。这是公开的，不算捣乱会场。那个教授就告诉我，我就明白了，这点是他们非遗的特点，就是有互动（说了一句日语，意思是加油），就是这样的。然后那讲故事的老太太马上就精神了，两下子这么一坐，这个故事氛围就出来了。

日本讲民间故事的老太太，国家给她一个银行卡，有账户。我说给你多少，我想打听打听。她说是随便花，没有限制。但人家有个特点，就是儿孙想占便宜是没有用的。人家自己也把握住这点，这是国家给我的。国宝级的人都有一个无限透支卡，可以无限透支，是国家给的。这样名声也好啊，一提远近闻名，传承人非常好。

到了匈牙利，我去巴拉顿湖，他们婚礼葬礼习俗保护得非常有名，欧洲很多婚礼都学人家的。那里的葬礼哭丧人，是专业哭丧的人，哭得非常到位，一套这个歌。咱们这儿现在哭丧人也有，有些哭丧人连说带笑嬉皮笑脸的，人家东家都痛不欲生地哭，他这个假哭，哭着挣钱。人家那个专业的说，他说我们这个哭丧人在"二战"时期很受尊敬的，有的完全就是只吃一顿饭。但是，送别这个战士的时候，哭得可令人动心了，启发出爱国情绪，敬仰为国家尽忠的战士。我在巴拉顿湖调查，跟日本专家，还有德国专家在一起听。匈牙利的文化部长说我刚上任不久，对这个还不太明白，然后他一再说我保护得不好，我还不懂，我跟你们一起听。他就讲他们的文化部，文化部官员必须得懂这些文化。我给咱们国家的文化部前几任领导都讲了，介绍了。我在我们国家什么时候讲的呢？是给全体部长讲课之前，就专门提到。我说我们的人类非遗第一个是昆曲，第二个是古琴艺术，第三个是木卡姆歌舞，第四个是长调唱歌。我们再往下怎么报？我说请部长同志们出出主意。他们在想应该报山西梆子，还有提出来广东的粤剧，报这个。我说咱们报个庙会不行吗？我说，我们中国的文化部跟有些国家文化部的职能不一样。我就举例说匈牙利，匈牙利的文化部还管全国的婚礼葬礼，婚事丧事都由他们管，所有的祭祀都归他们文化部管。

非遗与民间信仰——从庙会说起

我提出咱们报庙会，代表国家的非遗应该有庙会。老百姓成千上万，有的十几万，女娲庙庙会就有 15 万人，最高峰历史上能达到 40 万人，涉县女娲庙祖庙在山西、河南、河北 3 个省交界地，那会非常大，这个是真正民间的遗产。

我曾经简单地讲，拿咱们内部来说，当我们国家古琴艺术报联合国非遗名录成功的时候，说全国一点动静都没有，就那么十几个老古琴家，热泪盈眶。韩国人家第一个报宫廷祭祀，古代全民要祭祀的，人家一直到日本占领时期，在民间也没削弱。韩国申报成功了，全国放假一天，空军做表演，那是人家的精神支柱。咱们大部分人认为古琴跟我有啥关系？就这观点啊！所以，我说我们要考虑改变，这就牵扯到主体了。以后才展开了说，我说庙会可以报，关公可以报，妈祖都可以报，这才逐渐聚焦到妈祖。这个有什么特别呢？想到海峡两岸统一，也能想到妈祖。这才优先报了妈祖。妈祖报完了以后，台湾得到消息，那里的妈祖信徒都佩服，都高兴。人家就提出来，能不能把台湾岛上的妈祖、家里的妈祖到大陆祖庙去开光，家里供的妈祖多少年来没有见过祖庙，能不能到祖庙供一天，然后再回台湾？就有很多人家到那里去拜了，那是我们湄州的妈祖，世界都承认了。所以，为什么现在莆田那么富？现在是，台湾各家的妈祖可以来湄洲，你带来在莆田这里供几天。过去就有这个习俗，你家里有供就必须是真神，真神就必须要到祖庙。所以东南亚的，一听妈祖都评上人类的遗产了，纷纷来莆田，信徒就认为这是世界承认的，这是真神，你看这是多好的事！

所以，我那时候提出来了，一个最好的世界知名的庙会，比如说关公庙会，就可以给一个文化大奖。这个文化就是中华的文化，最高的。因为他牵扯到亿万人。关公要是能报上，它的信仰主体能上亿。这个要成为人类遗产，我特意为这个去的山西运城，关老爷的家乡。有人去调查海外华侨情况，了解的时候都说是比妈祖信徒多。大量的人都信关公，关公也变成万能的神了，不再是忠义千秋这么简单。

王母娘娘去报，绝对不批的，因为那是虚构的。关公实有其人，林默娘实有其人，历史上有记载。妈祖1000多年了，这是过去一个热心助人的人物，免费看病，相当于过去的一个跳神的巫医，也是一个赤脚的渔家女，一直治病救人，所以在民间流传，很多人说，你在海上遇到危险的时候，你祷告妈祖的时候，切记切记直呼其名。因为妈祖这个词是姑娘的意思，相当于北京满族叫姑奶奶，我们家姑奶奶。你赶快喊妈祖救我，妈祖救我。你可不能叫天妃娘娘救我呀，天妃娘娘救我。我就问他为什么？他说那你非死不可，因为时间不等人，你要喊天妃娘娘救我，妈祖听到后她得去穿那套天妃皇后的衣服裙子，穿完了才能来救你！你要叫妈祖，她光着脚就来了，是立刻能救你。你说多可爱，让你听着多舒服，就觉得他是把这个神看成和自己家亲人一样。民间这些传说，咱们报的时候全部都附在这文本上，评委特感动。你要说妈祖没这么神，我为了两岸统一才报的，这样连上面都不能批你。我帮他们整理材料的时候，我手里有150个信仰故事。有老老大娘老爷子签字的，你要跟他争，他就面红耳赤地说就是妈祖救我的啊！你知道我在海上都差点死了，那真的救活了啊！

现在莆田一座庙里有个老爷爷不做别的，退休没别的事，专门伺候妈祖娘娘。我问他在那干些啥呢？他说信徒来烧香，就给他们讲妈祖怎么灵。他是退了休的老船工，退休后就给出海的渔民、近海渔民，给他们看船，是小型渔船带马达的那种。每到晚上收回来，他都拿链子把船串起来，他孤身一人就在船上住。一次突然来了台风，潮水冲上来了，他看着的那些船全散了，刮跑了，也找不到他了。最后家里头都给他办丧事了，过了一段时间，有的说是过了三个月，有说一个多月，他回来了，西装革履的。最后他就讲他的过程，他说台风给一下子打散了，他就在一个船上漂着，他立刻想起来没别人救他，他就求妈祖救我啊，祷告啊。他不怕风浪，他祷告真的看到红灯，一点点过来了，他热泪盈眶，是真的祷告灵了。妈祖原来真来救他了，到跟前一看，是一艘很大的货船，其实是中型的一艘船，新加坡的船把他救了。新加坡不能因为你人家不送货了，人家远洋先去旧金山送货，就把他拉上了，他什么也没有，护照更没办，身份证也丢了。他就说他遇上台风，人家感觉他乘风破浪不容易，到了岸上就给领事馆打电话，说你们有一个老渔公，我们救了他，但是他不能上岸，没有证件，就在我们船上。咱们的领事馆一了解，他就说妈祖怎么救我，我家里的人都不知道，完了他就给了地址。据他说，他告诉领事馆别告诉家里，他要给家人一个惊喜，这就是故事了。我就觉得他是编的，咱们大使馆也不能那么干啊，最后给他送新衣服，正式让他坐客船回来了。到了家以后，家里人全吓傻了。他就把这段故事一讲，添枝加叶，真的假的搁在一块，大家一看妈祖娘娘这么灵，有时间就都拜，还拜祖宗。这些地方都看出了就是非遗的作用，只要有传承人，就可以宣传非遗精神，他现在就变成传承人。他是个体传承人，但他不是代表性传承人。他能讲妈祖的故事，他自己有亲身体验。这些就像我说的，你得喊妈祖，不能叫天妃娘娘，这些都在流传，都是非遗，妈祖非遗传播出来的价值非常好的。

非遗和手工艺——从传承说起

有人就说了，我们现在保护非遗，就是手工技艺，以手工技艺为中心发展，老手艺怎么保护，等等。传统手艺怎么是这样？弄不懂，有人就说咱不懂这个。我说中华民族在这个民族圈里手工技艺的话题是在生活里的。我在杭州讲学时说过，怎么大家都觉得手工技艺要失传了？我说手工技艺永远不能失传，我们的手工技艺将跟人类的两只手永存。他们说会不会共存亡？我说不会，除非人类最后发展到没有两只胳膊，只要有手就能动手，动手就是工艺。无论是多么高精尖的仪器，都是这个手做出来的，这个手实验出来的，机器人是我们把这手艺教给它的。这个很简单，你没有这几个指头你能做出一个机器人？就是所有的现代科技是人制造，人也能把它毁掉，并不是它能把我们毁掉。我们的手比它还万能，它可以把我们所有的棋手都打败，但是那个制作这个机器人思维的那个人，他虽然不会下棋，但他比那些机器人还是高层次的。肯定有一些他还能悟出来的东西，机器人做错了，叫制作者给毁了，肯定是这样。所以，手工艺将是永远的工艺，我讲了很多生活中的道理。

我说杭州的丝绸，离开杭州还能有丝绸吗？那么有关丝绸的记忆，你在生活中去找。考杭州大学的手工技艺非遗，我就叫出题，把你记忆中的技艺词语，你想出来写十个。你写了五个，就给一半分，还得写对。你比如我们说一句话，这个人说话很厉害，丝丝入扣，这指的是他说得非常准。丝丝入扣哪来的？谁也说不清楚，我也说不清楚。我就知道那个老大娘，就是织丝的那个，抽丝的那个，用丝织布的那个老大娘。她就说，哎，丝丝入扣，那扣在哪？来来，来啦来啦（做动作），这都叫扣啊，你丝丝入扣，就严丝合缝，松紧一定一样。丝丝入扣就变成生活中的词了。生活中有多少是这样的工艺的词呢？所以，我们要把我们的学问在非遗保护的过程当中融进生活。

谈到手工艺的独特性，就是我的风格不一样，一定得这样。你看现在的情况，我说你剪纸，他传承人申报四五十个。都对着纸拿来就看，乌老这个我签了名了，你给我看看，评价评价。我说没时间看，因为什么？我不看作品。你得把你的手艺说清楚，这你得告诉我，你的这二十个剪纸，跟韩月琴老大娘的那个有哪儿不同？你得说出来，我这有什么特点。我所以认识这几个大家，是因为他们都告诉我：我的剪子是我自己做的，任何一个剪子店买的我都觉得不好使。我的剪子是怎么磨的，最后把刃、把腕都处理了，手指头卡着，哪个地方我做了什么改动，这个地方加了什么附件，我出来的东西不一样。你看我这刃，里刃外刃是什么样的。他能告诉你工具是改革的,所以有个性化。我剪出的狗,那个狗的毛跟那位师父剪的就不一样。所以,一旦忽略了非遗的本质,就背离了非遗评审本身的原则和一些标准。

非遗的表演性——从保护说起

所谓非遗演出，或者叫表演，严格意义上讲，它本身绝大多数不是能表演的。非物质文化遗产是生活内容，是精神和物质生活内容中的东西，它不是表演给你看的，它是实用的。比如佩戴东西不是为了表演给你看，我们佩戴的蒙古族饮食用的那把刀子，那就是我们吃饭的时候必须带的，那不是凶器。我不是给你看的，随便拿着玩是不行的，它只有吃全羊席的时候，烤羊腿的时候才能拿出来。我的意思是说，原则上非物质文化遗产都是不可以表演的。为什么呢？它是生活的真实，就像我们说的有不可重复性。比如就说三月三那天，你就三月三来。我端午节招魂就是端午节那天凌晨几时，比如寅时开始。不能到了卯时我再来一遍。明天的寅时我再来一遍，不允许的。你要想看，请明年来，明年就是这个时间来，你要一定想看，看我们今年的录像，你说不要，看现场，绝对不表演，因为他不是表演的东西。中国的所有文化活动，非遗的表演性的活动，都是特定的时间，特定的文化空间，到那个场所表演的。

这就是联合国最早在讲解它的《公约》的时候，特别强调文化的时间性与空间性，这是很严格的。后来我们不大提了。它的时间性和空间性是同时存在的，就是有了这个时间，肯定就必须有特定的地点，是有规定的，按时间地点场所，场所不对也不行。时间是这个时间，不是那个地方你就不应该做。不是说你们来我这里参观，我们临时找几个人给你表演，这个按道理讲，在哪里都是不给做的。

泼水节，是缅寺里很神圣的节日。你到那个小乘佛教寺庙里去看，那天那个泼水并不是哗哗的大盆，是拿一个菩提叶。那个水是有规定的，这个寺庙规定必须是那个纯净水，那纯净水不是喝的水，是当地的神泉圣泉。后来没有菩提叶了，就拿柏叶，信徒拿上柏叶蘸上这个水，通常是方丈领着从信徒居士们前面走过，轻轻地，念着阿弥陀佛，水点到这个地方，就是头顶上，点一下就行。现在把泼水节演变成泼洗澡水，所以我到西双版纳去讲了这个问题，但是人家旅游局鼓励的是这个。那些姑娘们孩子们穿着薄纱衣服，一旦水泼上去以后，半透明的。现在标语就这么写，天天欢度泼水节。违反这个节日的那些镜头，惨不忍睹。泼水的那些男的追着那些姑娘。我给旅游局提了这个意见，我说你们要尊重我们的非遗。严格讲这个是最典型地破坏了第五条[①]，就是损毁污蔑非遗，这个很典型。我们在表演方面怎么做，像这个就是不适合这么表演，这都是不适合表演的。我们非遗在发展当中出

[①]《中华人民共和国非物质文化遗产法》第五条：使用非物质文化遗产，应当尊重其形式和内涵。禁止以歪曲、贬损等方式使用非物质文化遗产。

现了展演,这个展演最初我是不同意的,后来就提到想看手艺,就是这样为了宣传,我勉强同意。但我不去参加,我也不想看。现在这不是展演了吗?展演中间又加了比赛,什么剪纸比赛、刺绣比赛,这都是很不好的,最后把各种流派的刺绣放到一起比赛,那根本不是一个标准,比如顾绣跟苗绣,顾绣是一个专业人家家传的高精尖高端刺绣,它拿了金奖,但联合国要评的话,苗绣占优势。

我们不能这样展演啊!这样展演是违背非遗保护的,非遗保护是叫你回到生活中去。老百姓穿苗绣,老百姓家家户户一到节日都穿着顾绣,应该是这样的。所以,我觉得我们这个表演要取消。2016年在济南开振兴工艺会[1],主题主旨发言我是第一个上去的,文化部门领导让我上去说的。我三条里面特别讲了这个,把传统非物质文化遗产尽量尽快用最有效的方法回到生活中,回到现代生活中。并不是说我们如何把非遗拿到现代化去,不是!人家原来这个东西是在生活中,是在传统生活中,是在古老的生活中,现在怎么样进到现代生活,让它不脱离生活。我讲的就是自古以来,都有现代与过去,凡是留下来的都是对当时非常有好处的。清代人穿上明代最好的衣服,依然是很美的。所以我就提出,不要把古老和现代对立起来,它俩是相依为命的,关键是你们把它做好。比如说,这衣服从宽袖逐渐缩小成半袖、窄袖。服装不就这样吗?领也好,袖也好,就是高领矮领没领,袖子也是宽袖窄袖没袖,裤腿也是喇叭

---

[1] 2016年9月,文化部非物质文化遗产司在山东济南举办"传统工艺振兴论坛"。

裤细腿裤锥形裤，来回折腾，就在这里寻求发展。所以，我觉得表演不是一个值得提倡的，应该尽量推进进入生活实践的过程。但是，在普及非遗的知识，让大家领会的时候，可以在适当的社会场合，或者高校到小学做一些表演，但一定告诉他这个东西不是为了表演，而是需要融入生活中的。

商业化的歪曲当然不能用了。如果可以做的话，这里有个最底线的东西，你不要说它是非遗，完全是另外一套可以啊，怎么不可以！别给它安这个名头。就是生活中你这么做了，就完了。

当地政府不能不管不作为！我呼吁《非遗法》赶快执行，这会得到广大群众热烈欢迎的。这就是可以指导什么东西适合表演、可以表演的节目又应该怎么表演。在寺庙里进行的那不叫表演，人家是仪式。上海静安寺每年的四月初八佛诞日，他们要恢复庙会。外国人都知道有静安寺，那是比城隍庙还有名的！上海的静安寺在20世纪60年代，老庙全拆了。那个庙拆了以后变成工厂，改革开放后人家要求恢复。僧家要求，说我们的老庙，这个静安寺世界知名的，都有照片记载，要求恢复。一个老和尚就从别的地方来，他过去跟静安寺还是有点关系，他就化缘要重建静安寺，我们国家宗教局就支持。结果就在原址上盖了，盖了个比过去中华民国时期和中华人民共和国成立初期那个原寺还漂亮。设计得挺好，还超过了原样。信众认可，认为这庙太辉煌了。政府还把地给它扩大了一点，把周围的厂家都搬走了。原来，咱们四月初八的庙会，佛诞日、浴佛节得过呀！到底过去怎么过这个节？弄不清楚了，找老人，老人说不清楚，因为民国时期也没好好恢复。1939 年，有过一个照片，但是记载里能查到嘉庆某某年，那个时候是标准的浴佛节。后来恢复了，恢复得不错，现在年年浴佛。浴佛节我去参观了，看了以后我说你这不对呀。什么地方不对呢？现在这个方丈 40 来岁，他的初衷是好的。金佛在那河岸上，后边是大象。浴佛要用水，那里摆着好几排康师傅矿泉水，盖都打开，人手一瓶拿来很虔诚的。方丈第一个拿起来、举起来，在那个金佛像上"咕咕"倒。下边又一个，他再把这个拿过来倒，倒完搁在那儿，和尚轮流完了，居士、上海信徒老太太们就过去倒。我当时就说：还是没恢复，怎么能拿矿泉水去浴佛呢？你方丈必须按照过去的规矩，你们念经以后能不能在上海郊区哪个地方找一个干净的泉水，念完经祈祷，今后用那个水做浴佛水。每到浴佛的时候从那里请回这个水，然后一滴一滴地点，不是一瓶水，"咚咚咚"就像你自己渴了喝那样不行。而且你得拿干净的植物，你上海如果没有菩提叶，你拿柏叶总还行吧，庙里哪一种植物是作为浴佛时候用的新芽？春天的柏叶新芽在那搁着，一人拿一枝，拿这个点一点，放下走，那个拿来点一点。我后来讲了，讲了以后他们记下来。我说我也不想见方丈，你把这个规矩记一下，他现在都改过来了。你说那么大个上海，佛教界人士信徒都不知道断了多少代，现在恢复得特别好值得学习。因为这是庙会的主会场，信众才热烈虔诚地跪在那儿烧香。除此以外，在庙外还有很多人，很多老百姓，你才能带动起来，整个理念、善念、佛心，悲天悯人这个情操，才能产生出来。拿那个矿泉水浴佛，没有神圣感。所以，我觉得拿这个例子能不能说明这个问题，就是表演是不行的，假装也是不行的，糊弄也不行的。

我提出非遗保护所说的一切方法手段，要讲究，不能将就，这是我最想讲的话，谁也不允许将就，将就就是破坏，肯定是这样。你拿矿泉水、拿饮用水去做了，这就是将就，完全可以讲究一下，讲究不花多少钱，有一个词叫"崇拜"，佛寺的高门槛必须用崇拜的姿势才能进。你进之前要注意高门槛，不然会绊倒。你走到这儿，这样蹲下这个腿才能抬起来，你能直着腿过去吗？直着腿过不去。到了门这里，你先这样把这条腿往过一迈，另一条腿再跟上去以后直起来了，这就叫崇高啊！再一看雍和宫的大佛，拜完了以后起来一看，就看见这两条腿，佛爷的两条腿或者靴子什么的。你得往前走，再一抬头。什么叫崇？什么叫拜？一说怎么大佛这么高，那不是表现高，是让你崇拜，崇是高，崇高就这么来的。所以，很多精神的东西，从礼节到照相到门槛全是非遗，一路上来就是非遗。我们现在都安上电动扶梯，那怎么能行呢？你就是得崇拜，按照那个节奏，比方那跪下起来，一直到大佛的跟前，你到那儿跪完了起来，真正看见佛面，真正看见，"唉呀这是大佛"。仰望完再退出来的时候再继续迈，一点点谦卑着身子，谦卑地走了。整个礼拜的过程是这样的。

你想去看庙会吗？得买票。离庙门很远，不进门去的那些老太太，就把馒头供上。在那儿磕完头走了，馒头也扔下了。入门都没钱，我们家全家兜里也没那些钱，买不起票。

佛山的北帝庙，那个是祖庙啊，北岳大帝、东岳大帝，他应该跟黄鹤楼的那个大帝是一个道教的。结果那个庙的庙会评上国家级非遗，第二天就涨价。好多老婆婆常年就在那门口。后来，他们安排门口有保安，不许再靠前上供。所以一看，早早就都跪下一片，老太太把供酒拿出来洒一圈，再把酒供到这里头，接着跪下，烧香磕头。她们不买里边的高香大蜡，因为那个高香大蜡自古以来没有啊，怎么在我们的市场经济就出现高香大蜡了！原来就是多有钱的人来烧香，也是烧那么高的香，就那个香。香是檀香或是其他什么香，倒是价钱都不一样。但是，香没有三米长的，这么粗的，佛爷没见过这个东西。我那时候就拍了一些照片，我去佛山开会，我说各位，你们庙是国家一级文物保护单位，庙会是国家非物质文化遗产。你看看你们最后达到庙会的效果了吗？普通老百姓、要饭的进来烧香跪拜了吗？恢复不是这个意思，不是给你评了一级，你就挣钱去。尤其那个祖庙，它不是道家管，它是国家文物局管。所以我感觉，庙会这些你要想做起来，你就来正宗庙会。你到海城那个庙会去，那个庙会尊重传统，一点奢华的都没有。香还是古老香，居士全是朴素的，来的信徒都是朴素的，全庙尼姑都是比丘尼。穿着全套服装，手托着钵，中午这顿饭是要讨，乞讨去，家家都自己做，做完了以后讨回来坐着吃，低着头吃，苦修。我本来是去看海城高跷，我看得都眼晕了，我就不看了。我就看庙，特叫人感动。

非遗保护的实践性——从节日说起

举个例子,日本现在很发达,可是节日非遗没资格报了。因为日本做了一件最大的错事,没办法,只好忍痛不能申报了。日本明治维新时一刀切把所有从唐代学来的中国的夏历,把这个日期、这些节日、节气一次性改成阳历,他们的端午节是阳历5月5日。韩国人的五月五日是阴历,我们是阴阳历都懂。现在我们老百姓都看阳历,不懂阴历,明年端午节哪天我记得清楚,阴历是掐指一算都能推出来,我绝对是不用看,你有没有日历我都知道。韩国现在有一大半人,中年以上的人有一大半人能知道阴历。它有几个月是跟我们差一天,大部分是合流的。日本改不回去,找不着自己的阴历。除非宣布跟中国一样恢复阴历,但还没宣布。所以,到了五月端午时你看,鲤鱼旗挂出来了,男孩节5月5日。咱们中国本来是唐代有三月三的习俗。日本他们穿着和服,那过得很隆重。但是现在改成阳历三月三。一次性改了,现在就不过了,过的就完全是阳历了。阳历就没法报了,因为要说历史,历史不符合,历史是阴历三月三。日本的端午节叫男孩节,有三个男孩就三条鲤鱼,挂在外面飘着,有些民俗演变,都有一定特点。现在东方多少国家过春节？韩国春节还是节日，日本春节变成阳历了。日本的元旦这个词本来是旧历年的，我们中国也把元旦变成阳历年了，这不对的。元旦是指旧历的，元是开始，旦是那个早晨。这是说非遗它是有特殊的内涵的指定，它的标准是什么？大体上是能区分开。

所以就出来这些问题，非遗要不要保护，保护到什么程度？哪些是濒危，哪些值得抢救，哪些是不值得抢救的？哪些要用科技手段把它记录下来，哪些是记录下来以后还要传给下一代，下一代还得学，这要分清。像有些很著名的民族舞蹈，两千年后可能就没了，可是很有意义。那个完全可以传代，传代不了，加入科技，科技虚拟性的表演。包括戏剧之类的，著名的、典范的，比如说莎士比亚的罗密欧朱丽叶。这么一说，那民间有什么改变？我们就是牛郎织女，可能一千多年后还忘不了，因为过这个节。那么，牛郎织女的戏要不要保留？保留哪种的，哪个类型？是川剧那个值得保留，还是京剧那个？哪个意义更大？各家保留？这就要传，徒弟要好。于魁智时代结束了，他徒孙还接着，就还在保留。所以，非遗关于传承的理解，跟其他是很容易区别的，它实践性很强。其他的认定，它不一定非得是实践的、非要活的，不存在这问题。所以，我们才知道非遗作为一个文化概念，它是一个实践检验的一个程序，他跟别的一种文化名词、一个固定静态的一个概念不是一样的。你把非遗当成其他文化，或从属于民俗文化是不行的。那个不完全一样的。

非遗的学科化发展

　　非遗的学术化或者叫学科化，这么叫是可以的。首先非物质文化遗产保护的概念必须严格界定。第一，非物质文化遗产保护，包括那个公约，它是一个联合国项目，它不是从文化史发展当中自然而然脱胎出来的，是一项国际共同的工作，一个任务。这说明什么呢？非物质文化遗产在我们国家必须弄明白，它不是我们的传统，也不是国家、国际传统下的一个大的学问。自古就有哲学，有这个学那个学，自然科学里头技术科学有多少？非遗本身就不是一个学科，首先得定下来。非遗出现的时候，它不是以学科出现的，它最大的特点是包含着多学科的，抽出来做了一项任务。国际任务大家来做，它是一个实践的工程。如果用学科去考虑，它不是个独立学科，它是杂糅在所有学科里。其中我们说人文学科的人类学、艺术学、美学这些，还有社会科学里头的宗教学、民族学这些，它都有其内容在里边。另外，它作为一个保护的实践，还有其他科学技术。就像我已经说了，我们用最现代化的技术来保护非遗，有很多术语是技术性的，跟非遗本身的内容还不一样。这是工作任务的需要。在它发展的过程当中，要借助各个相关的学科去研究它，推动它，解剖它，分析它，储存它。整个保护要调动各个学科的方法和内容的精神去做，比如树立民族的道德风尚等都在这里，但它又不是专门讲哪个道德的一门学问。所以，首先必须是概念要清楚，但是在施行这个工作任务的过程中，可不可以独立把它拿出来专门研究？是完全可以的。但是我的意思，就是要认清这个课程的性质，它不是一个独立学科的学问，它的性质是一个工作实践，而且是糅合起来的工作实践，综合性的。

作为一门学问，做教育要用它的时候，它属于通识教育，它是通识教育的知识，以及懂得用现代科技网络储存它，保护它。有各个学科的东西，它都在里头渗透着，因此它实践性强，它不是个专门系统的理论，所以叫"非物质文化遗产学"。这种叫法是不科学的。但是，我们高等院校要实行高等教育，或者中学中等教育，或者小学就开始有非遗的课程，这些作为课程安排都可以。但不能把它独立叫做和教育学、民俗学、人类学平列的一个学科，这个是不允许的。要成立非遗学校、非遗学院，那么做的话就只是培训学校。我们把它说得高点，就是大专级的高技师，再低一点说，就是中专、技术专科学校这么一种东西。我们现在想把它独立起来，成立非遗基本理论，能讲出比美学比哲学还要多的理论，这是不现实的。

我们国家对非遗很重视，现在很多学科都重视它。作为一个巨大的文化工程，我们文化振兴、文化复兴都离不开它。这种情况下，我们把它独立出来，可以作为一个实用性的实践课程。如果在高校里面的话，要是把它当作真正的科目去处理，那就应该是这样：比如说，历史学院或者历史系，其中可以有非遗专业方向，可以招本科生，也可以招研究生。干什么呢？进行物质文化遗产保护当中历史性的研究，历史特色的研究。这样就出现什么？就是我们的越剧——越剧是最早的戏剧，那个历史我们就要重点研究它，它使用的语言是用了哪个时代的语言？皮黄是哪个时代出来的？怎么变成京剧，为什么就出现了西皮二黄？这种研究就是历史性的研究。但是，它同时还可以做艺术学的研究，艺术学里的研究如果要做的话，重点不是研究别的，是研究非遗里面的艺术门类。非遗里面的舞蹈，非遗里面的歌唱、器乐。如果是中文系需要用它的话，中文系里就研究它的民间文学门类、口头文学这些，还包括曲艺都可以进入这方面。非遗是一个学院，非遗是一个系，非遗是独立的，这不对。非遗是一个大学科，我们要分头弄。它的背后是学科，国际评委都是各个大学科来评一个非遗，而不是非遗的专家去评。所以，要弄学科、非遗大学、非遗学院，这绝对是不行。祭祖不能单独有祭祖专业，就得进民俗，你跑到音乐系那不行，祭祖时要奏乐那块，恰恰是非遗这一块归音乐系，音乐里边的仪式性音乐，或者是宗教音乐，这个归你音乐。这样来看，独立学科是不科学的，它不是一个一个理论体系形成非遗的，是多学科形成的非遗，而非遗又嫁接到所有的学科里。

所以说，作为独立学科的思考是不对的，但是作为一个课程，要培养这种人才，出来以后就去搞非遗，这是可以的。非遗有那么多具体工作要做，比如它的九个功能①，其中一个功能就是建档，建立非遗档案。这个音乐家建不了，民俗学家建不了，就得非遗专业方向，我们这个专业就专门干这个。比如，你是音乐学的博士，你上中央音乐学院，上艺研院（中国艺术研究院）田青那个所，你的工作是做非遗的综合工作，普查是你的专业工作，但是普查的时候非遗专业是负责普查的管理工作，真正要参与的话又回到那个多学科了，对吧？我们请田青老师，这个音乐评委来两个专家，资华筼老师那舞蹈专家来两个，是这样组成的。非遗专家评不了人家，评不了音乐，评不了舞蹈，评不了手工技艺，甚至分得细一点，你的非遗手工艺专家，你评了木工你评不了铜铁工，这是一个道理。

因此，我们说它是多学科，都为实践用的。这个是很简单的道理！人们很多是按非遗生活的，没有按多学科生活。你学物理学的，生活中的物理学肯定糅在其他里面了，是不是？这不很简单吗？我一面吃着一面喝着就好几个专业了，一面还听着歌，就说明我们生活是丰富的多学科的。现在把它集合到这里来，分成不同门类的非遗，它就是非遗管理的独特性。非遗的要让非遗来谈。同样是一个音乐，这个是非遗，那个是音乐学研究，这个要分清楚。所以，它要成立独立学科，它作为一个为非遗工作服务，

---

① 《公约》中如此表述："'保护'指采取措施，确保非物质文化遗产的生命力，包括这种遗产各个方面的确认、立档、研究、保存、保护、宣传、弘扬、承传（主要通过正规和非正规教育）和振兴的义务。"刘勍著，《中国非遗保护与研究20年》，中国文联出版社，2020年，第64页。

将来这种方向可以。我原来是学音乐的，经过多年的考虑，非遗音乐的遗产非常丰富，我就做非遗工作了。我是把音乐学里面的那些目标对象，只要它是非遗项目，我就研究它，其他的我没发言权。我觉得，学科化的目标跟我想的不是一回事，目标是一个学科，这是不对的，目标还回来是非遗，这对。我们想招研究生，招研究生干什么？独立学科不是做工作，你到非遗中心，做档案管理、做分类认定都可以。倒是真的具体到哪一个类别的时候，放弃你具体的业务工作，你还得找专门的人。民俗你得找乌丙安，你非遗专家不能把这个问题处理了。所以，我觉得这个继续发展下去，不宜变成一个独立的专业，容易出别的问题，最后非遗保护不会得到真正的传承和发展，因为真正取决于非遗的某些项目、某些地区、某些文化空间，真正达到最后目的还是分到各科去，才会成功的。因为非遗要管理很多，对于非遗工作的管理，脑子里要出现多思维的，就是非遗如果落实到请音乐专家、音乐学、民族音乐学具体到作为专业的话，那民族音乐学里头有多少细微的东西？我能告诉你中国的山歌一共多少个，其中可分类 680 个，这个就要非遗帮着做的。但最后这个学科真正达到顶峰的是音乐学，民族音乐学在起作用，不是你非遗学科。所以，严格讲非遗学如果作为教育学科的话，它是个培训性质，培训非遗工作的，为这个培养专业人才。

  对非遗各个学科的帮助就不是主要的。各个学科人家还在发展！比如民俗学有自己的研究，不管你是不是非遗。因为学问比你非遗大啊！现在不能把非遗变得比别的都大，这两个是不一样的。一个学科要统帅非遗，非遗这学科要统帅其他所有的门类，都不对。你不能说非遗里面分了十类[①]，这十类学问都进非遗，恰恰是十个类统帅非遗。现在错就是这个。非遗一共有十种，这十种都叫它包括了。它没有任何一个学科大，它只是用了所有学科当中属于遗产的那一部分，综合起来归到一个保护遗产类。因此，它不是独立学科，它是一项工作。指导它的是各个不同学科的方法。民俗学的保护得用民俗学理论去保护，音乐学保护不了它。另外，没有一个独立的非遗保护，这个道理很简单。传承人都可以说明白这个道理，我传承的就是这个，我没传承那个！所以你把非遗拎出来，另外成立一个学科，为了工作需要你可以招收专门做这个工作的学生，培养这样的高级人才，硕士、博士都没什么关系，但是方向得弄清楚。你不能说我是非遗博士，你那个音乐学教授得来听我的课，我好给你讲你那部分，这不存在他要给你讲哪些是非遗，哪些不是非遗而是音乐研究。我们现在最大的倾向就是，这股热潮把非遗变成独立的学科去凌驾所有的人文学科和艺术学科，这是很危险的。如果我们这样做的话，是一种无知状态，对于科学分类本身就是无知的。这就是我的看法。

[①] 非物质文化遗产的类别分为十类，分别是：民间文学、民间音乐、民间舞蹈、传统戏剧、曲艺、杂技与竞技、民间美术、传统手工技艺、传统医药、民俗。参见《中国非遗保护与研究 20 年》，中国文联出版社，2020 年，第 64 页。

择善而从——借鉴国际经验

从非物质文化遗产看，既然一开始就是全球性国际组织启动的，当时启动的时候就是不平衡的，至少有100多个国家原本对非遗是一无所知的，就让非遗顺其自然地自生自灭。现代化飞速发展，谁也挡不住。而有文化自觉的这些国家，保护传统文化、推动文化发展的这些国家，比较自觉地发现了这个非遗。但这个时候各国发展已经不平衡了，有些连年战争的国家根本就谈不上非遗了，那些地方就连物质遗产都被炸毁了，非物质遗产更没有了。人类都在死亡线上了，礼节、道德都先不谈了。联合国不能因为情况不平等就不考虑非遗保护，这个时候各国发展不平衡，再加上我们国家多年来在保护这方面处于茫然状态，我们在很长一段时间把非物质文化遗产的那些东西并未当成遗产看待，相反，在一些特殊情况下，还把它们当做不要的、要抛弃的东西。比如说节日，我们有很多传统节日——传统的民俗节日，这些节日不但不过了，而且是完全反对的。由于地区传播的关系，在历史上原来一个地区有的现在没有了,但是别的地区还有。比如印度的佛教真的找不到了,他们要报宗教非遗的话只能报印度教。而中国就可以报佛教,而且是多流派的,藏传佛教、大乘佛教、小乘佛教,这个最能说明问题。在国际非遗上,宗教文化是属于非遗的,但是我们分得很清楚。我们是文化部管非遗,宗教方面归宗教事务局。

那么根据世界总体情况看,"二战"是一个很重要的决定性因素。非物质文化遗产的保护,最早不是由于现代化发展促进的。"二战"以后,国际社会科学界都在考虑如何恢复文化发展,恢复各国之间的国际交流。自然科学、科技也在做,不光是文化在做。而文化还有一个功能就是接受战争的教训,调整人文科学意识形态,所以就出现了意识形态之争。这个过程中,有的国家已经开始做保护了。我们国家在"二战"后,特别是解放战争以后,不同年代不同程度地在做。在中华人民共和国建立后的头几年,下最大力气的就是民族识别,记录民族文化,那批资料到现在还是非常珍贵的。把所有东西都调查出来,然后区别它的族别和民族文化,非物质文化遗产也好,物质文化遗产也好,这是我们国家遗产保护的根基,是学问的根基。这主要是新文化运动的那些遗产,加上新中国做的56个民族的普查,还有未识别人群的普查,那个是我们的根基。从那时候起,一直没间断过保护,这中间出现过对文化的淘汰、批判,直接导致的就是物质文化遗产拆掉、毁坏,很多非物质文化遗产消逝了,然后又有一些恢复了,出现了这种曲折。欧洲在文艺复兴以前也是这种状况,战争一旦停止,文艺就会复兴。一出现文艺复兴，哪个要淘汰哪个上来？中世纪的东西能不能留下来？欧洲也有这个问题，村落也出现了先进、落后，后来整村整村的没人了，我们现在也有这个问题。接着就是"二战"后，特别是21世纪世界的现代化、全球化，谁也来不及，这个破坏性很大。我们国家的也需要保护，再不保护，将导致整个文化的断层，大断层，整个的文化系列的根基有可能破坏了。

所以，我们感觉到这个危机，才很快地进入非遗保护。这里就发现了不平衡。打开国门以后，我们也在努力保护中华民族民间文化，下了很大力气在做，但我们发现落后了，得认账，得承认我们落后！其中一个是迅速实现现代化，淘汰了很多宝贵遗产，这些遗产不适用了。另一种是什么情况呢？是我们自己毁坏的一些东西亟待修复。这个亟待修复包括两个方面，一是文物修复，重新盖庙，拆了要重盖，这个在历史上各朝各代也有过。唐代兴佛，宋代兴道，来回折腾。庙拆了，完了再重建，碑上面都记载，是后盖的。所以，我们好多唐代的庙还保留，那就是一直传下来。于是我们开始进行文化与文物的修复，其实有形文化和无形文化都有修复的问题，有人叫恢复，恢复是不对的。修复里头有既修复过去优秀的，也展示这些年的新发展，这叫修复。有人就提出直接创新，旧的不去，新的不来，不破不立。不是这么个观念！文化不能这么做，文化不可能这样断裂，它只能修复。说得直白点，就是你破坏了什么文化，你要重新给拿回来。就是庙拆了佛像砸了，心中的庙没拆，心中的佛没动，请回来。所以，硬件你得重新盖庙，然后是软件，寺庙里的庙会重新来，香火旺盛起来。

这两个都出来了，物质文化、非物质文化就都有了。

在国际上很快就出现了这个问题。有的国家尽管"二战"破坏了物质文化遗产，但它的整个非遗意识形态没变，文艺复兴的根基还在，一直在延续着，法国就保护得很好。意大利因为法西斯极端化，"二战"时期破坏了不少。德意志出现了不少破坏，他们恢复硬件的同时，把一些最健康的日耳曼民族东西都拿上来，所以比较彻底。东方的日本，在1945年到1950年，在政法大学举行过大的未来文化发展趋势的辩论会，辩论非常彻底，最后提出来尽快依法控制文化损失。"二战"后第五年，他们进行了"遗产法"的制定，它是有形文化、无形文化、民俗文化的法案，1950年拿出来，这在世界上是独一无二的，是第一部，非常完整、非常科学。讨论的原始记录、几派之争，我在日本都读过，发现这个是很彻底的。唯独没解决的是天皇制保留不保留，斗争是很激烈的。政法大学有一大批人提出天皇制的废除。

日本的民俗学缺陷是神话学不发达。我在日本讲学，唯独邀请我去给他们讲神话学。我一开始奇怪，我认为他们神话学研究得不错，研究希腊神话都是不错的。后来才发现，日本神话本身没人敢研究。缺失了，为什么缺失了呢？因为日本本土化的神话学，根基就是太阳神的问题。太阳神是天皇的神话，是家族神话。天皇制没有取消，你上来就反对太阳神话你就完了。所以，他们的学者让我去讲，中国的太阳神话，羲和浴日等大讲特讲。但他们告诉我，您可别碰日本的太阳神话，我们的政府保护天皇制。天皇就是太阳的儿子，日本是太阳神为主，我们不是。我们有日神，我们日神多种多样，我们敢把日神用箭射了，你在那儿讲射日马上就有反应。您讲中国那些个杂神，不是我们最崇拜的。但在那儿一提太阳神的时候，他们声音都变了。一提到这个主体思想的时候（说了日语，天照大神的意思），开始先是90度礼，然后起来拍手，下面才开始谈。因为你嘴里出来太阳神了，天皇家最老的祖宗就是太阳。所以，我到他们那里以后，完全是按照他们的仪式做。他们必须都得规规矩矩。我几次去讲学，他们的博士、教授都来听乌教授讲神话学、讲太阳神的各种类型。

　　日本这方面做得很好，它报的遗产包括能乐，保护得好，绝对是当时江户时代原汁原味的演出，不是现代能乐。那就是传统，绝对是传统的传统。我的看法就是说，保护遗产如果制定了遗产保护的原则，应该就像法律，严格界定哪是保护的遗产，这个遗产就是要保护。两千年后还是这么演出，它是这样的。那个遗产跟政治形态无关，是国家要定出法律保护的，既然和联合国签了"公约"，就得按照"公约"保护，申报不申报你都得保护。因此，为什么我们现在不得不挖掘，于魁智到底是马派的还是谭派的？就是找这个根。比如，我们有些年轻京剧演员想当传承人，至少我们懂得这个遗产的，就觉得要考虑唱过样板戏的要不要评传承人？后来又接着唱了老戏，而且水平很高，这样的就可以。只会唱样板戏，我们基本上不培养，你不会传统京剧怎么叫遗产传承？所以，最初第一评的时候，戏剧组就把《洪湖赤卫队》拿出来评了。我是坚决不同意，后来辩论。他们的理由就是我们保留了京剧的各种唱法技巧，《杜鹃山》我们还想报。我说遗产它的内涵精神是从剧目里面出现的，要的是那个传统的。那个传统的《包公赔情》，"嫂娘，我就是你的儿子，包勉是个坏孩子，我就杀他……"这些东西传下来，你可以批判他是有封建愚忠愚孝，但这叫遗产。你不能说我用你传统的表现形式，我唱了革命的，那叫新戏，戏剧改革。后来根据我们国家的特点，可以叫红色遗产。各是各的，这个是很严格的。我去重庆辅导非遗保护的时候，重庆政府的同志就提出来了，我们想报《江姐》，那些革命传统的东西我们也要报。我说另外报，另起炉灶。在联合国你这边报的是传统京剧，另外再报一个红色京剧，没有这类别的啊！

这必须要实事求是。因此，我就觉得别的国家有可借鉴之处，就是在遗产的认定上，对待的态度上，保护的目标上，甚至想达到的目的，更多的是要和外国一样，保护原汁原味的东西。要尊重民众主体。

日本的巡游，就是把神像扛出来，然后在大街上进行巡游，这是从我们中国学去的，咱们南方很多少数民族的神都出巡，妈祖娘娘也必须出巡。我就经常提醒，做非遗保护工作的人，记住非遗的保护，我们是和联合国签了约的，不能另起炉灶搞另外一套中国的保护，只能按照这个标准。不能说到了我们国家，就是另外一套。你国内自己搞活动，那是另外一回事。所以，在这些方面，就要向人家学习。重要的一点，就是他们的标准很清楚。他们强调民众主体自觉产生的那个遗产，才是遗产。乌丙安唱词、乌丙安弄调，推广让老百姓唱，那个不行。不行就是不行，没有那个规矩！所以，在国际上，我们必须按照这个标准。日本如此、韩国如此、法国如此，我们国家也是如此，应该是这样的。

得这样说，虽然各国的国情不同，但是有一个非遗的原则大家都是一样的。比如，饮食文化的申报和保护，现在欧美等西方发达国家，2017年意大利的披萨制作技艺，进入人类遗产了。2013年韩国的泡菜文化是遗产了，这些都值得我们学习。这里就出现一个问题，我们国家饮食项目的申报，我们自己通过了，怎么跟人家比呢？不一样的地方就在这儿，我们报的有的是几亿人都没吃过的食物，也不能吃，因为你没那个生活。我们报的是这样一些，都是商业性的，饮食行业里边的高精尖的菜、面食、米食等，这些个是商号报的。人家外国报的是全社会民众吃的，越朴实越是地方的。韩国各地都吃泡菜，各地都不同，这个是济州岛的泡菜，这个就是首尔的。我曾经跟韩国的教授们争论，我说你们回去看看吧，你们首尔所有商店卖的泡菜是沈阳西塔朝鲜族做的。现在韩国全国都消化不了沈阳西塔的泡菜，东北大白菜基本上给他们做辣白菜了。最后有个市长点头承认，我们首尔市进口的大白菜百分之百是西塔的，别的地方还不要，吉林延边的都不要，说不对路，西塔的最好吃。我要说的是什么呢？饮食非物质文化遗产，它也是把眼睛盯住社区民众、广大群众的健康食品，日常的还必须是健康的食品。为什么地中海一带的好几个国家联合申报橄榄油的使用？橄榄油被批准成为人类遗产，它是世界上民众食用油最健康、最符合科学的、安全的。

所以，我的看法就是我们缺乏这种观念，我们要学习的话，应该考虑这个。为什么日本料理成为人类遗产？你到世界各地，不管是不是日本人经营的，日本和式菜一定得是人家日本人那个才正宗。中国现在的日餐，日本人都不吃。咱们自己的宾馆、饭店里头五星级餐厅卖的那个日料，人家必须要打出厨师是日本的招牌。他那用料操作，是一点味精都没有啊！中国这名菜端上来了，一查调料还有味精，我们这不是遗产。遗产绝不加这些，就是原来明代什么样的，现在还是什么样。我们现在随着发展，说是老百姓需要，但是味精现在越来越发现是有问题的，人类受不了的。将来咱们要申报那个健康的民间的食品。我们国内的食品申报比较合格的，一致认为好的是山西面点。山西普通的莜面、荞面团、莜面栲栳栳这些，绝对民间，绝对吃得健康。我说了，山东报山东煎饼。山东大煎饼绝对正宗，健康食品适合旅行，在过去受苦人都背着这个去打工当长工，卷大葱什么都是这个。报应该是报这个，这个去了以后一看，好，中国这项目是一亿多人吃煎饼！主要是东北华北一大片，南方吃米粉，这种民间的，才叫非遗。

　　应该从根本上学习对非遗的正确认识。在这里再找回去，才真正能找到那个非遗。现在实际上是这样，你看这会喝酒的老人才不喝茅台呢。不说高价买不起，因为真正好酒在他们那个镇上也没卖多少钱，一天也做不出多少。比如说真正的二锅头，不像今天牛栏山二锅头，牛栏山当时卖不出去多少的。你到山东到当地，真有好酒。喝完了以后，你就感觉茅台真是没法比，这酒怎么这么好，还养生养人。那个老师傅规规矩矩不兑水，这个兑了水把行情都搞坏了，老师傅说我们家从来就没有假酒。为什么现在有很多地方又喝上黄酒了？因为黄酒现在造假难，正经酿出来的，才真是绍兴酒。所以，我觉得我们跟国际上学的话，饮食这一块包括喝的要向很多国家学习，才可能真正发掘出来属于非遗的。通过非遗保护，逐渐使我们国家所有的饮食越来越纯洁化、科学化、安全化。谁吃了以后都说好吃，还没有任何添加剂。

我说的是饮食非遗这一块如何与国际看齐。现在是日本成功了，韩国成功了，意大利成功了，前几年是地中海沿岸成功了。这样下去的话，恐怕最近十几年中国的饮食是进不去的。得去找原因，找到那个根本的原因。

如果要说借鉴的话，就是我去这些国家，包括德国，认识都特别理性，那些小工匠、老艺人我都看到了。他们最大的特点，他们追逐的是自己本国、本地区那个手工技艺最精华的那部分，原汁原味地保存。手艺不能随便转移的，它是这样的。他们认那个最古老的手工技艺，包括铜匠什么的，他们制作出来的玩意儿看着很现代，非常简单，但你现在就是用电脑或者电子仪器做出来都达不到那水平。他们非常认这个，工匠做得非常细！很了不得！

为什么他们很少有人用电脑去做？他们不要电子化。比如，还是要用那个精密的手工技艺的读秒技术。为什么？咱们总要用快摆，快摆本是不对的，你消灭了一个时间计算！一秒钟六下的，一秒钟七下的那个摆老是"咔咔咔"的声音。瑞士精工都是至精手工，包括所有转轴那是钻石，从选料到安装绝对不用机械进行安装，那个不用上油。转多少年那个钻石不带动的，非常好的，真材实料。我这个表从改革开放到现在，从那个时候到现在一直没修过。这就是真正的手工技艺。所以，很多发达国家像这样，它坚守着一个信念，手工技艺本身的精密度独特点，是任何制作方法都达不到的。人的两只手是非常了不起的，有温度有呼吸。而且还有一个就是，这些国家，往往这种成名的手工业反而不报。因为咱们的濒危了可惜了，人家的手工业还非常发达。在商业价值上要论价的话，照样还是高价，也没因此而丢什么。到了瑞士一看这个表，是哪个牌子的？一看老牌的依然还是最贵的，手工精巧度还是高的。一些发达国家，从首都到中大城市，你看保护文物的程度，就显现出它的观念很强。值得我们注意的，法兰克福周围的小镇小村，那地方的面包都很个性化，是当地的文化遗产，人家也不往国家报。法兰克福金融大街那些金融家，就馋那几个村子的面包，吃不着排不上。对不起，今天我们只生产600个，紧着我们这里的老人和老百姓吃，其他人都不卖。还是原来19世纪的方子，还藏有17世纪的方子。做这个面包，面用什么样的面，发到什么程度，不一样，都有讲究，这就叫非遗。古代最精美的手工艺品到任何时代都是永恒的，再过五百年照样是好东西。我们没这概念。所以，这就使我们很多中国手艺人不教给后人。我们盖房子，有我们的妙处。我们的吊脚楼，那些个少数民族都没有图纸，都是口诀，完工了以后一个钉子没有，风吹雨打都不怕，风貌也很好的。那个如果发展到今天，由木材混合其他材料逐渐发展，你会发现许多优秀建筑造出来，有名的岂止是一个徽派。我们现在没有发展，传统精密的建筑系技术也没有发展起来，所以等到木材缺乏的时候，就传不下去了。

非物质文化遗产保护的实践与事件

第七章

2005 端午祭事件

2004 年端午之前,我收到韩国中央大学一个教授的邀请。我当时是中国民俗学会的荣誉会长。他邀请我,让我前往江陵。韩国江陵是韩国太阳出来最早的一个城市,时间比日本还早。他们做的第一个非遗保护的事,就是为这个城市保护了 1500 年的端午祭。这个市的市长邀请我阴历端午那几天到他们那里,他们给经费,我接受了。晚上,韩国民俗学会的李会长、任会长和我交谈。任东权教授是我一起在东京大学同时期讲课的客座教授,他讲韩国民俗学,我讲中国民俗学,我们都用日语讲课,我们是好朋友。我不会说韩语,他不会说中文,我们一来就是日文。他是哥哥,他比我岁数大。他跟我说您来吧,来这里有很重要的一件事。他邀请我再一次帮助他们把这个申报的版本那一段看一下。原先论证的时候,是 1989 年我从法国巴黎去的时候,帮助他们做的。端午节传到朝鲜半岛,韩国就继承了。他们也就承认了 2500 年前的端午节起源于中国,是 1500 年前传到他们韩国的。在他们当地关于端午节出现了不同的版本,有些习俗慢慢地淘汰,只有江陵这个地方把端午的各种祭祀活动都传承下来,那里有一种舞蹈,是祭祀城隍的。我说这个不好办,你不告诉我,也就这样了。你告诉我,我就得汇报,因为2004年我已经是国家非遗保护工作专家委员会副主任了,我得跟领导汇报,要让大伙儿知道!我连夜写了一式两份书信,给孙部长和周部长,一人一份,我是通过电脑发过去的。信的内容是手写,是我亲自签字,一式两份寄回国去。他们收到后,我不知道他们是怎么商量的。

2004年6月2日那天,文化部召集主流媒体,通报我国非遗第一批工作情况。2005年要申报的项目名单出来了,当时我们的人类非遗已经好几个了,昆曲、古琴(艺术)、长调、木卡姆都有了。通报完了以后,晚上我在家里接电话,《光明日报》记者给我打电话,听说您给部长写信了,韩国要报端午祭,这个情况您能再说一下吗?我说谁告诉你的,你找谁去!他说不仅我知道,《人民日报》的记者也知道,还跟我说明天恐怕《光明日报》和《人民日报》都要报道。给我透露了,当时的意思就是给他们通报了,准备下毛毛雨让大众知道,就按照我说的那个意思。向联合国报非遗项目这件事,韩国是有权利报的。因为非遗是传播的,它是活态传播的,你这有他那也有。我说佛教是传来的,我们报佛教,因为当地没有了、消灭了,当地没权报。当地如果有佛教的话,联合报可以,鼓励联合报,当地没有的话,就是人家报。国际上有规定,必须得是国宝级才能申报人类非遗,韩国从1967年就认定端午节为重要无形文化遗产,人家保护那么多年,把所有习俗都挖掘出来了，已经成为自己的节日了，是韩国特色的端午节，名字没改。所以，人家有权报，我们的媒体要讲清楚。外国报了以后我们说侵权，但是我们没注册！我就特别讲了，千万不要以为申报非遗在国际上叫注册！这不是商标，遗产的保护，是各国都有权的。只要传播在你这里有一定的时间，已经成为你国的国宝就可以。我这样一说后，媒体也明白了。

第二天，一个地方官员受不了了，这个汨罗县的领导召开当地记者招待会，抗议东方某国申报端午祭，这是要把我们的端午节申报世界遗产，尤其是我们汨罗，我们有专利，我们要报专利，不允许他们报。记者把这个消息报道出来了。我看了就直接打电话，我说你报什么专利，你要卖呀？还要经营端午啊？端午人家韩国有权报。他说为什么有权报？我说1500年了，为什么不能报？他说我们还没报呢，我说你没报，我们这次第一批就让你们报，你们不报啊，你们说是封建节日。我说你们看看，后面你看看吧，第一批公布的名单，这个端午节申报单位文化部，中秋节申报单位文化部。印刷样都有，这个时候我就如实说了，我们是不得已，那还是我提的，你得把这个项立下。现在没有报，明年它不就有人报了吗？现在咱们有什么办法，我们跟他们一起能报？我说你主动申请，人家也不能给你报。因为必须以你国家公布过它是国宝为准，人家是1967年就公布，是大韩民国第13号国宝级遗产。那天央视采访我，我就公开讲，我说你不报是你的问题，人家报是人家的权利。人家报的是1500年前中国的端午节传到韩国，就变成韩国自己的节日，他们继承了。他们要跳舞、跳神，有人到山上找神去，找到一棵树砍下来，那都有规矩的。人家过人家的，跟你一样吗？那个汨罗县长招待我，说倒要问问东方某国是怎么说屈原的？人家不供屈原，供自己的。我就说了，湖北再走200里地到湖南，就没人过那个纪念屈原的，人家是纪念伍子胥。女真族金朝就过端午节，不知道世上还有伍子胥，端午还有屈原，节日都是各地过各地的。

我们国家是因为要宣传爱国主义，就把纪念屈原作为一个节日的主要内容。到南京不知道有屈原，苏州供的是伍子胥，是屈原投江200年前的那天，吴王把楚国人伍子胥杀掉，把尸首抛到江里。因为2500年前这个端午节就存在，屈原没投江就有端午节，非要屈原投江后成端午节，这是你自己认为的。他要不投江就没端午节了，这不对的。端午它是一个凄惨的日子，那天自杀的人多。投江的还有别的地方，上虞这地方曹娥她爹投江，她自己投江为了找她爹，于是这个地方就纪念曹娥姑娘投江去找父亲，宣扬孝顺，那里既没有屈原，也没有伍子胥啊！不懂得非遗的特点就是这样。非遗是一种文化，传在哪个地方以后落地生根本土化，最后稳定下来。传到今天要失传了，要保护它，那就按照当地方法保护去。韩国江陵也不是按汉传的，你研究汉传的，说绝了已经失传了。江陵以前学的是什么样人家也没有恢复，是一直沿续到今天，这个端午祭还在做。

这个时候出现这个矛盾，我就出来说话了。我就在采访中说，那个退休的75岁的老爷爷反映情况给部长，写信的那个就是我。于是就有人说，这个老爷爷退休后想出名啊！他哪里知道，那时候我已经评为非遗顾问了,国家非遗专家组副主任了,我得做些事啊。辽宁说我"咱们省厅的这老爷子怎么不甘寂寞,还管这闲事?"学术界也有反映,学术界出现了声音,就是各个学校的一些民俗学教授公开提出来,乌教授多此一举。另一个就说了,这是个误会,乌丙安教授根本就不懂,端午祭跟端午节是完全两种东西,在中山大学就公开这么讲,说这话的还是我师弟,公开这么讲。他不懂日语,也不懂韩语,韩语的祭,日语的祭,就是节日,中秋节叫中秋祭,没有节这个叫法,他们的祭就叫节日。一说我们祭,这个就是节日,人家就因为一个字,他说这是两个东西。你看到那两个字不一样,你怎么看端午那么一样,它叫什么都行,你过你的端午,我过我的上午节、下午节。他就说不一样,因为咱们祭屈原,它是祭城隍。我说中国那么多地方不祭屈原都没问。这就是无知加上盲目。

我后来就跟部长讲,我说我们国家赶快借这个机会,坏事变好事吧,赶快宣传什么叫非遗,不然以后还会有大量的事情。我们在非遗上的一场风波,被媒体叫做乌丙安是始作俑者,我就变成挑事的那个人了。周和平部长退休后,他做很多报告,他说咱们现在端午节过得很热闹,过得很丰富,你们要感谢一个老人,这个老人就是为你们弄清楚的、理顺的端午节,让国家上下都知道非遗节日是什么,非遗节日不是封建迷信的节日。韩国也有权报,全东方都在过,东南亚都在过,过得也很丰富。所以就以这个事情把这个说清楚了。对于这段事,我在整个过程当中,我最大的意见就是,我认为不该给我声张出去。我这个人是这样,我做的事就是做对了我也不要求大家都感谢我，因为我有责任。其他人没这个责任，因为韩国这个节日我参加过，我 1989 年被邀请去了以后，第一次看到人家保护端午，我赶快去插手了。这必须讲清楚，要不然要打文化官司了。他们很听的，记载得很好的。当时我们有些领导，提出请乌教授想想办法，根据联合国的规则，能不能跟韩国同时报。我说这个不可能，晚几年没问题。为什么？我们得首先把它变成国家的，然后实施非遗保护政策，保护一段有成效才可以申报，再进入联合国的名录，这样的话受世界关注。你再不保护，世界都不答应了。

我的意思要讲，非遗是全民的事情，全国人民必须要自觉知道。现在说句老实话，还有一些国家要报传统节日的，比如马来西亚、印度尼西亚，人家就报了中元节啊，七月十五给亲人祭奠人家报了。你不过你偷着烧纸，那是你的事情，不关他的事情。人家过得非常隆重的，很多马来西亚人都受华人居民影响，认为这是最有亲情的。所以，现在山西就报了批了，因为有地方官员，还不敢太过了，怕提倡过这个节。我公开讲，我说我们政府有责任，要主导解决这个精神问题，让大家正式认识。教育顾问就提出，这是很了不起的介入，国外都这样过，亲情、人情，这种崇高的感情是感人的。方式方法是你做呀！所以在这讲呢，也是有这个意思。就必须理直气壮，怀着充满我们民族的激情，我们那个家族亲情，把我们中国的美德在这些节日充分展示出来，传到永久，绝对是好的。

传承人及保护

传承人这个话题，应该是非遗的中心，没有传承人就没有非遗。要把遗产继承下来，就得有人接，有人传，同时还得有人接续。传承的意思就是上传下接，总这么循环着，良性循环一直传承下去。原因不在于人，保护当然是人。这个概念、这个理论，是任何项目只要你作为遗产，一提是遗产，不管是哪一种，就有一个基本特性，就是传承性。如果没有了传承性，你所有的遗产就不存在了。只要联系上遗产，就是传承性。它是从哪来的？理论的实际根据就是它是从人本身谈的，现在是文化遗产，人这个高智能的动物本身就是传承的，基因的传承，大脑思维的传承，肌肉组织细胞的传承，咱们说的基因学的那一套实际上就是传承，咱们只是把传承叫到文化上了，所以才把基因学所说的那个叫作遗传，那是遗留下来再传下去，这是个根本规律。这个根本规律在非遗里，就体现在这个非遗的理论里有个词就是承载者、拥有者。

非遗这种遗产是一个无形的、活态的存在形式，是个什么形式呢？解释它就是看不见的，有的是可以意会不可言传的那么一种状态。那你怎么能保证它的传承呢？最重要的就是有人来传承。所以，传承里面加上人，就是非遗的载体，非遗的承载者。人本身是具有传承的功能的，如果有规律性地延续传下去，它必然是遗产。积累到一定的历史时期，往下传，这个传就变成活态的、良性的循环了。因此，保护传承人是大事，保护非遗一开始大家觉得是保护项目，但是我们要知道那个项目是掌握在那些人手里，是那些人在操作它、推动它为生活服务的。这样的话就必须考虑保护项目的同时，还要保护那个项目的传承人，而这个是根本的，失去了人就没有项目。所有的项目都是由人去完成的，所以基本理论概念是这样。

这样一来的话，我们的非遗保护工程就变成一种循环轮作式的。一开始就在这个操作过程中知道怎么做，根据操作过程确定了对象先申报，而不是指定。你申报了才能根据它的特点，安排传承和保护，使用各种方法技巧，等等，就要先确定申报项目。申报项目里有两个重要的内容，一个是项目的传承人，一个是它传承的谱系。传承人有上有下，这个谱系就是连贯上下的。在一开始设计传承人表格的时候，这两个概念是我提出来的，就是在20世纪80年代，保护传承人这个理论已经出现，但是不被人接受。我们就注意到，人是关键，在特定族群、特定地区，有民族特色、地方特色的那些人，身上承载的那些文化遗产，需要由这些人传下来。所以，我们的工程里有一大部分，不能不谈到人，这就是传承的人。也就是说，这个科学的概念在非遗保护推行的过程当中，首先得确定项目。

说到春节，每个人家都会过春节。春节怎么来的？每到那个时间就过春节，家家户户都有这样的人在家里边，老人都知道应该怎么过，什么时辰怎么过，什么时候跪，什么时候站，什么时候用什么道具，有什么仪式，都这样加到一起，就发现是群体的人在传承。按照我们科学的术语来讲，叫群体传承。群体传承的过程当中，发现项目里有很多分项，就是很大的一个项目里分着好多具体项目，这些具体项目里又有相当特殊的专业表现。比如说一个庙会，庙会既有庙里边的和尚念经，又有庙外边的商贸，特别是还有一些文化艺术的表演。这些表演都是给神、佛看的，敬神敬鬼的，等等。这里边就有很多艺术成分，高跷、龙灯、狮子舞、舞龙等，咱们用舞的概念是这么进去的。那么，所有这些独特的组成部分，每一个大项目都有特定的人及人群，项目是由各种人把它表演出来的。这样就出现了庙会是群体传承，但落实到具体传承分支项目时候，都有具体的传承人。你是舞龙的舞龙队长，舞龙的传承人，全部舞龙过程包括制作道具你都明白。秧歌，地秧歌、高跷秧歌，还是飘色、挠阁、背阁，这些是独特的。其他杂耍，比如说武术表演，又分成各种拳派武术的流派，然后鼓舞是一只什么鼓，分得非常细。所以，这就出现了专业的传承人。另外就是有的是表演艺术的，民间表演艺术传承，但有的是制作艺术，它的制作本身就是工艺，手工技艺技巧的又有很多种。所以，你说雕刻，什么雕？你说木刻，什么木？什么样的木刻都做什么？这都有很多说道的。你这是泥塑，泥塑是不能用刀子雕的，是捏的，或者用模具来制作的，等等。所以，传承人是必不可少的。

这样的话，我们的非遗跟世界各国非遗一样，都有传承的人，代表人物。因为考虑到传承是整个文化遗产的传承，它是群体的、大规模的、人数众多的，因此我们就要找相关项目那些直接的、最有代表性的来申报，这时出现了代表性传承人，原来没有这个词，这个是附加的。它并不是个名词概念，它是个表述语，它是一个指定的形容词，或者代词，是用它代表。一说代表性，有了代表性传承人这个概念以后，就要弄清楚这个代表性传承人的来历，上边都有多少代要说清楚，因为只有这样才叫遗产。这是跟遗产对照的，如果不是遗产，就不存在这个问题。所以，代表性传承人要有谱系，谱系就是家谱，是按家族传承还是按师承立谱？一个项目是多种流派，各种各样流派，比如刺绣有家族传承的顾绣，有集体传承的湘绣，要有不同的谱系，这就出现了传承人的谱系。这两个弄清楚了，才能进行实际操作的保护。要不你保护什么？保护谁？所以，传承人这个概念和保护措施是很严格的，这就制定了传承人的评审标准，就是拥有某一个非物质文化遗产项目，他是拥有者。其中包括推动、编导，这些都算在内，拥有这个。而且他是世代相传的，有这个条件就可以申报传承人了。具体到专业里边的分工，比如说戏剧里边的剧种要分豫剧、京剧、越剧等。那么，京剧里面又分出行当，演唱的、操琴的、打鼓的、服装的、化装的行头等。每一个里边都有传承人。所以，我们经常说，评审的时候要照顾到多种不同专业和多种传承不同特点。一评戏剧，戏剧界就都是报名角，我们就提醒这不行的。没有操琴的那个师傅，就没这个名角。很多腔都靠他演奏，靠他拖腔，而且有些腔调就是他创造的。操琴的人说这个地方要这么拐着弯，这就是马连良派才出现这种，谭富英派不会出现这个。那你在评论谭富英那个里头，找谭富英派的操琴者。这样行当又分了，所以是非常细的。旦角分多少？彩旦、小旦、老旦又有很多种。青衣有多少种？越分越细，这样才能够最后构成一个非物质文化遗产——京剧艺术，这艺术是全面的。

我们这样看，就是传承人的保护、传承人的评审、传承人的传承活动，都需要在保护当中。一是要有资金，有的非遗得投入很大的成本。除此之外还有智力投资，就是说传承人的前辈要集中力量，集中他们的智慧，怎么讲、怎么说戏、怎么教，包括眼神、吐字，很复杂，这些东西都属于传承过程中要做的事。传承过程当中还要有场所，戏班得有传习所，有教有演练的地方。所有的这个活动包括表演艺术、手工技艺，也得有传习所，有车间、有工坊，有工匠的场地。这些东西齐备了，才能逐渐发挥实际的保护作用。所以，一连串的传承人的保护和传承人的传承，有整个规律，到什么时候做什么，都很严格。保护传承人在咱们的非遗里头远比保护项目要复杂，难度大，而且照顾得要面面俱到，不可疏忽。我们现在这样粗放保护是绝对不行的，混着弄是不行的，必须把握住最后收徒、授徒整个过程。这些都得关注着，这样才是保护传承人。

抢救性记录工程

当时我是积极主张抢救性工程的，而且要求尽快上。因为我们今天的传承人保护，还有项目的保护，最实际的一个需要就是带有抢救性。社会老龄化现象很严重，保护刻不容缓，一个老传承人他的所有传承内容又那么复杂，因此必须尽快形成一个工程。工程的技术手段要不一样，因为过去有教训。我们做三套集成，就是在保护。百年来也有保护，原来手工艺是专家自己去保护，点点滴滴出现的一些保护，最后丢的丢，散失还是散失，没有留下什么。三套集成已经被认为不错了，但最后真正做才发现科技手段跟不上。三套集成用的是傻瓜相机，普通录音机，现在都失效了，有的转录都转录不了。打开磁带不成声，拍的照拿出来都不成形了。这就说明我们的科技手段得跟上，这样一来的话，对传承人特别是老一辈的传承人，在还有传承能力的情况下，就尽快地进行采录式的、动态的、活态的保护。现在的情况看来，大部分做得还是不错的。因为我所走的这几个省都叮嘱过，年老体弱的优先,再就是奇缺濒危的优先。感觉现在这些传承人积极性都非常高,都肯积极地表现,过去不露的绝活也都敢做了。他觉得我死了还能留下点东西,挺好的。我觉得这个经验还是重要的,但是这里头有一个问题,就是我们采录过程当中,懂得非遗的、懂得非遗项目相关各种专业知识的人太少。比如说,它是民俗的,它是音乐的,音乐本身不懂不行,拍摄的人光会录像不行。因为不懂,给你的感觉录出来的东西就像新闻片,而不是专业技术片。所以,我原来负责验收第一批的数据库,我是代表文化部按那个规定和标准验收的。我至少看到过别的国家做的,那要求非常严的。比如说表演艺术,表演艺术的模拟就是那种手段必须足够,不完全是展示传承人的表演。传承人表演的动作,用虚拟的东西把它系列化,他给你比画只是做了一点,你要用动画似的手段来模拟。这个相当于过去我们三套集成的时候,与有的舞蹈家手画的草图是一样的。这么一个动作画十个,手到这儿画一个,手到那儿画一个,要连续动作。又不能让传承人天天在那儿不停地表演,你录了基本的以后,根据这个就可以制作完整的一套京剧《空城计》,或者是《三国演义》的几个大戏,完全用虚拟的东西做出成套的来。培训的时候,老师给他比画了以后,然后他去看这个。你那个旦角,荀慧生的旦角天天在那儿看,怎么演红娘。你就跟这个学,老师还得教别的徒弟。这就是现代科技的作用,要按现代手段去做。所以我们要求很严,做纪录片拍摄的人,也必须举一反三懂得这个,我给你录一段展示的基本让人明白了,可以看着学表演,然后再做虚拟的。虚拟的有时候要放大,有全部，还有局部，最后还有细部，细部就是让很快的动作和手艺通过慢镜头拍摄变成慢动作。咱们都说的是通俗的话，不是专业的话，就说得有一系列的专业手段去保护。我是支持这个做法的。发达国家都走在我们前面了。2002年联合国教科文组织派人来的时候，有个24岁的奥地利的技术人员，他做的报告很简洁，就把技术说得非常清楚。他那用词非常专业，他就说了我们必须达到这样的标准，2000年后根据我们用技术传下来这个记忆，能够恢复一台原汁原味2000年前的戏，一整套表演和手工的动作。

  这就是让你感觉到，我们今天的保护，是排除所有古老的手工方式的一种完全现代化的方式。它将来可以共享。英国如果要看我们的京剧马连良《空城计》的那几个动作，直接到网络查，查到我们共享的那个。我们需要知道英国的非遗，一样的，同样的道理。那我们必须自己能做到。我也曾经特别提到，现在很多外国专家，相关专业不是完全搞非遗的，他们已经从我们国家录去不少了。我们应该有一种文化自信，就是说我们必须走在前面，我们必须是权威的。我们的制作，就算最后大英博物馆走在我们前面，真正的核心技术在中国，中国的非遗博物馆里、大数据库里存着这个，人家要你这个，你可以给，这样他们才能拿到手，其他我们都不认可。其他是只录制了一个面没照顾全面，我们这里的绝对全，绝对完整，就要在这方面加强工作。现在就因为非遗专业的知识不太够，所以各地做这个工作时参差不齐，很多地方弄成新闻纪录片，不是专业片。一个手工技艺交叉录制的成分必须得多，拿着、背着一个机器就录完了，那不行的，关键的地方是多面展现的，最后出现的是多维的！所以我们就特别提倡，要做就得完全能进入大数据的时代。

我们对非遗要有信心，有科学自信，有文化自信。就是说，我们即使传承人录了这个以后他去世了，我们还有更详细的东西在这里，是完整的东西。

研培计划不应急于求成

研培计划可以推行，但是我不同意操之过急，急于求成。我提出过一个课题，首先研培计划里不要过高地要求创新。因为还没继承呢！那些最精密的记忆，无论是表演的还是手工技艺的，还有其他的，比如中医药的，这些还没完全拿到手，就急于让他们创新，那是不现实的。所以，研培计划在各大学里头就铺开了，铺开了就急于求成创新。传承人面临的问题，是跟高校的教学结合，这是双刃剑。传承人开了眼界，哎呀，一下看见了德国匠人原来是这样。它的另一面就是严重伤害了自己原来固有的那个技巧，过快地嫁接。人家是这样，真正成熟的像日本的工匠手艺人，爷爷传给儿子，儿子传给孙子，现在三代人还都在。他们的传承是把三代人全部记录下来，他家里面有家传的标准，都挖掘出来了。爷爷交给父亲的时候，就说这些技术都交给你，但是你要想让我承认你出徒，让你可以接活，你必须在我教给你的基础上有发展，往前再探索，比我这个要强一点，第三代爷爷就不管了。父亲管儿子的时候，还继承你爷爷的这个，但第三代你必须超过一代二代，这才能促进创新。研培计划首先是它的传承里边的创新，要完整到这个程度，而不是到大学去学习，然后找一些设计人员跟着一起参与，画草图不用那个老的了，要弄新的，最后出来就是四不像的。这样反而很快就把传承里边最精华的东西弄丢了，手艺丢了，这绝不是非遗保护的目标。我觉得关于研培的做法不要急于求成，不要过多强调创新，因为人家日本一个三代的木工，我都看了，孙子拿出的东西爷爷都佩服，但是你能看出来始终是他家的艺术。你叫他看了某某著名艺术家、教授做的，德国流派的，又给讲法国的流派，意大利的都讲了，他开了眼界，他脑子里以后出现的是我怎么创新，用点德国的艺术吧，这个不叫创新，最后就毁掉了。

咱们现在有一个词是"不忘初心"，而那样做等于忘了初心。我们保护自己的遗产，不是嫁接别人的遗产。现在就已经出现这种现象了，就是过多地强调艺术院校的创新，我们班传承人培养了多少个，他们收获可大了，我把这个某某老大爷聘请为我们学校的大学教授。这都是没有用的，都不是主要的，主要的你还是没继承下来。他收了几个徒弟，第一代徒弟还刚接过来，第二代徒弟还没接的时候，他那个最大的绝活还没交给徒弟的时候，你就要求他干别的了。材料都不用过去的了，又选新材料，为了要创新。我给研培这个点做过几次报告，重点就讲这个。我说我不是手艺人，你们要想搞手艺去要求那些研究手工艺的教授，我这个教授就要求你做到这个，这才是真正的传承。

所以，对研培目前存在的状况，有它好的一面，说让我们这些在民间的艺人都开开眼，但是不能误导。首先是让这些大师级的代表性传承人，让他们给传承人群上课，讲的是最传统的土得掉渣的东西。先把这个拿到手，因为这里有些绝活说不出来，要说就要说行话。人家山东那个地方叫这个，广东又叫那个，把核心东西教给你，才是学了真本事。现在这个东西既没录下来，也没变成科技的，也没交给活人。我们一上来就是一礼拜培训，80%的时间是几个著名教授讲课，中间又让一些博士出来比画比画，研讨发言，然后还要让老传承人接受，这是误导，我不赞成这种做法。我觉得在这过程当中一定要随时调整，随时订正。根据这一段的工作来看，我们比周边有非遗的国家，日本、韩国、蒙古还差一些，还有意大利、法国，这些比较有名的国家。跟别人相比，我们在这方面有点太冒进。这个冒进不是非遗本身的冒进，是思想走题了、跑题了，就是很想创新，结果就变成不伦不类，过犹不及。这个我已经向文化部提出过，这方面应该赶紧调整。这是值得注意的一个现象。

非遗保护走向动态管理

从立法来讲，我们已经有《非遗法》了。从国际公约上来讲，我们缺少动态管理，又叫活态管理，就是说不是评上了你就永远是了。那么，什么情况下才能执行这个动态管理呢？这里有几个要求，第一个就是在推动传承的过程中，要按照规律推动，一定得进行正常的传承工作。我们有保护计划，国家级的都报到文化部了，都有存档。你按计划执行，那是批准的，你们省的政府也批了，文化部也批了，你就要按那个执行。

你如果没去执行，也没督促没实施，结果你突然发现他不好好干，就让传承人退出，这是不允许的。因为它的传承技艺还在身上，他并没有丢，他是不作为，但这个不能轻易取消，拿掉这个是不行的。什么情况下拿掉呢？一种情况下，是在传承过程当中发现这个代表性传承人，根本就不具备真实的传承水平和质量，你们给他评上了，真正用到的时候他就那点水平，这种情况就得鉴定他不适合，这个可以。就是劝他自己退出，我们好腾出位置来给其他的传承人，这是一种。第二种就是，如果他在这个非遗传承过程当中，出现了其他方面的，跟这个专业传承没关系的失误、错误，比如说触犯了别的法律，就是有多高的技艺也没办法，那就不能做传承人，这是另外一种极端的情况。一般正常情况下，非遗传承人在这个传承过程当中要及时提醒，及时调整，尽可能地不要去除名。那么，根据现有情况，活态的这种管理方式，应该说现在是在试验的一个阶段。目前我们《非遗法》的细则在执行上还不健全，我们还要越来越细，变成一种依法管理，不是任何人想把他辞退就可以辞退。

还有一种，比如说他自己不愿意干了。这个首先是做工作，要问清楚为什么不干了，是我们管理上出了问题，还是资金不到位，还是有什么东西阻拦他的计划实现了，这个要看情况。我也知道有一些传承人就是受市场经济影响，旅游部门常常要挖走去做展演。这种情况就要做工作，如果他技艺还是很好，绝对有价值的，有这种情况还是要尽量说服。这里头还有一个情况，需要考虑，如果他生活有困难，不能一年就给那两万元。我曾经讲了一个例子，我说给有些老艺人两万元他当然没意见，但还是有人生活有困难的，传承要考虑实际。我给财政部作报告也说，要支持，一定要达到支持目的，因为没有这个经费支持，老艺人这些传统项目就推行不了。我就说了，我发现湖北省有个老艺人，以前历史原因伤害了他的感情。我说该道歉的给人家道歉，该补偿的给人家补偿，他情绪就过来了。他要求退，说我不干。我们不当一回事，就是曾错误地对待人家了，现在又当成国宝了，国家级的传承人，他现在这口气出不去，也没有人给他道歉啊！我就说好好落实政策重新来，另外给一些补偿。还有一个表演艺术的老人，老伴没了，自己一个人。你硬要人家传承不行啊，他还得生活，做饭种地都得干。我就说，你们看一看老爷子有什么意见。后来一听老头想雇个保姆之类的，我说公家申请一笔项目资助费，这就是特殊处理，有困难要帮助。你不能说请保姆打收条就能报销，那是不可能的。

为什么说这些？就是说流动性的保护。法理上、规矩上说是成立了，但不可轻易乱执行。我不能说你表现不好，就开除学籍那种，不能那么干！就要调动起来，想尽一切办法保护，保护传承人个性化到这种程度。将来到一定阶段，随着保护历史的发展，肯定要出现调整，会淘汰一部分人，有的是劝，有的是这个项目本身已经变得没有价值了，那我们也要根据我们的录像，是不是不必再有活人继承了，那得看当时的情况。总之，必然会有这一天，不同的项目有不同的处理方式，要走上动态的管理。

保护非遗传承人与苏州模式

苏州曾公布了七八位荣誉传承人，这种荣誉传承人是针对75岁以上的传承人，苏州给予他们荣誉传承的称号。原来我考虑的是，不要分太多。你荣誉传承人不也是有代表性的？他手艺并没丢，只是岁数大了，体力不行了，不必加"荣誉"两字，他就是终身制的传承人。后来我想这个"荣誉传承人"，在中国也有特色。

很多国家级传承人给我打电话，就直接说："乌老，我这个国家级传承人相当于国家京剧演员一级演员行不行？"他要一级演员跟他平起平坐，我说那个一级演员想当传承人，申请都不收，各是各的。这就说明传承人有想法，你得给我分出级别，将来待遇应该有分别，不能糊里糊涂的。我原来也提了，我说传承人每年给两万元。有的人说，那个京剧演员一年年薪多少呢？唱完了以后还有奖金，传承人不在乎这两万元。我的意思是，给传承人，需要多的多给。后来领导说还是没办法管理，这样弄更管理不了了，于是就吃大锅饭。韩国、日本我就问他们相关问题，他们定的是个别化的。咱们国家，比如说京剧传承人，梅派的唱腔他技艺水平达到这个高度了。你呢尽管是荀派荀慧生那派，但没达到荀慧生的技艺高度，又不能评出一级传承人二级传承人，那么我给你的经费就不一样。你们都是了不起的，但你这里有差别。实际上国家就给一个卡，给一个账户。人家不把它公开，这工资属于私人的事，国家就给他那些钱。日本国宝级传承人他们叫人间国宝，你就别问，你要问他个人的，每个人说每个人的。我们就都公开，眼都红啊！所以容易我的意思就是说这个称号，是在试验阶段。因为我们到了更新换代的时候了，一茬老人原来在开始非遗启动的时候表现很好，表演的时候浑身是汗，现在是岁数太大真动不了了。这种情况下加荣誉头衔，甚至荣誉到终身制。但是这个称号又来问题了，光给空称号，能不能带给什么？过两天我就死了，你有待遇没有？这个要说清楚。你要给安慰的话，不能拿这个作为安慰。他不像知识分子，你得给我个名声。这就是待遇的问题。所以我觉得这属于试验，苏州是出经验的。

  我去审查有些保护单位，有的保护单位在经费各方面出现很多问题，钱没有花到地方。还有就是无所作为，国家给的经费做别的用了，严格讲，这都是违法违规的。去评审，有好多量化指标，60多个标准，每一项你做什么都打分，分加起来超过多少就保留，差的就要求除名。怎么除名呢？就是我们要另外组成新的保护单位，你们这个保护单位中的某些人可能还可以进来，但有些人就得淘汰，补充程序已经开始做了。我回来的时候，他们正去统计，看哪些还能上，哪些不能上。我提这些意见意思就是慎重，不要出现他不能上将来又找不出比他更合适的。因为这涉及的专业性很强，肯定优先淘汰那个假的为了拿钱的。苏州他们还是有目标的，但是非遗工作是文化工作，不能来硬性规定标尺，量化本身订了几十条的标准，我就已经看到这不公平。这样的话有的保护单位你60个类目打分，其中有30个类目他一分没有。因为什么呢？它们就是博物馆，博物馆有一个小组是它的保护单位。你这个数据里头要求什么？戏剧的保护，要求每年必须演出不得少于30场。它是个博物馆，博物馆也没办法给这个小组承担这个任务，叫演员在这儿演，所以差不多30个项目没分。

他们最大的优点就是这个博物馆在保护一个地方剧种，它把这个剧种的各种各样的资料、文献保护得非常好。所以，我说你这都不对路，你对博物馆就不能那么要求，对演出团体也不可以这么要求。就是说，苏州出的这些新的动态经验，有的是在试验阶段，有的在试验中会发现弊病，就是完全量化是不对的。那个真正值得保护的，恰恰是专家评估它的时候是综合评估的，糅在一起确实不错。你就因为没有演出，你明知道这个演出不打分，是他吃亏了。馆长公开来答辩，就说多难呢，我们拿着表干瞅着不能填，因为我们没有演出。像这个就属于动态管理上出现的一些新情况，新的做法就要慎重对待。考虑非遗保护是一个世界上最新的任务，过去没有这个经验，我们创新，这个也鼓励，但是一定要考虑到利弊。

依法保护非遗

为什么我们出台的是法律不是公约？公约是提倡保护，我们叫的是非物质文化遗产法，没有法律保护就有很多争执，我是主张法律加上保护非遗的作用，加保护作用力度大，就是要保护它。我参加了四次相关座谈，提出来比如说第五条。第五条是惩罚的。就是严厉禁止污蔑贬损非遗项目，这样就解决问题了。你凭什么给人家扣封建迷信帽子？这是你的过错，你别以为你是先进思想，人家这个就有权报，你给它戴这种帽子，这叫贬损。还有就是人家真正的含义定义是这个，你非要给它加上另外一个，或者削掉一部分。打比方说，关公信俗，这信俗很完整的，可你报的时候就说这不行，关公最重要的是忠义千秋。我们就讲道德，认为对关公的崇拜主要是他讲义气，桃园三结义等等，这样就属于贬损。你把这个信仰的高度降低了，那你没资格报。那么这种情况下，起码法律应该是完备的，而且最主要是能执行。文化法的最大特点就是苦于没法执行。比如说境外人士，与我国科研机关、高校联合组织，对某些非遗进行调查等，要事先向各级政府申报，得到批准后才能调研，如果不做要罚50万元以上多少万元以下，这个规定法律可以定。但是，这个法谁来执行呢？你定的，你是给那个高校教授定的，他能执行吗？你得有文化执法人员。所以，我在泉州讲《非遗法》的时候，泉州的文化执法队，包括到歌厅去抓那些坏人什么的，那些文化执法队员就来问我，您讲了半天，我们怎么做？比如说外国人来给我们非遗拍照，而且拍了不少，也没向我们声明，我们就直接抓到，罚50万行不行？谁给我规定的我的执法权？把我问住了。我说我给人大常委会提的建议就是《非遗法》出台很好，《非遗法》的执法要有细则，第几条如何执行？由谁执行？这个应该赶快做。

《非遗法》通过那天，我们专家委员会正在部里开会，就等着宣布呢，传过来说通过了，全国人大常委会通过了这个法律，马上就座谈，大家都拥护这个法。第一个就让我发言，我的发言就是法是非常好的法，谁来执行？如何执行？赶快做细则，就是说把法律具体化完备化。这是我的意见。到现在应该说没怎么做，全国人大常委会再没补充细则。再一个就是非遗的保护法，因为非遗保护，国家的体制是按照四级制定的，加上联合国的一共五级，分级在保护的。那么按照不同级别的政府部门、执法部门、行政部门，应该有相应的法律。国家法出来了，省自治区直辖市得有这一层的；再下来就是市、地方，市地级的；再往下就是县级；再底下就没有了，底下就是文化馆站管理了。应该在国家这个法的基础上，结合本地本省本市本县的具体情况，定出相应的细则、条例、规定，要有地方法规。这个地方法规是按照国家的法规衍生出来的，哪个删减、哪个补充，结合地方情况出台。

比如，我这个村子是渔村，我有什么特殊的关于打鱼的传承的东西。那个村子是林区，像吉林省这个村子就是林区，整个村子都是伐木的，这就是特殊性。这个地方少数民族多，哪些民俗要管，哪些不能管？人家那个民族自己信仰巫师，你就说人家，那就不行，他该是传承人就是传承人，这些分着管，就叫细则。这个有的省做了，有的市也做了，还有的县也做了，但不全，绝大多数没做。按理说这个要有。除这个之外，就是我说的那个，所有制定的法不管你是执行这个省的，还是执行你们县的那个规定，必须要有执行细则。执行细则有两类，一个就是人大常委会，省、市、县人大常委会，有解释权的那个常委会，能代表人大制定非遗法具体执行的条条框框。另一个是以这个地方的法规为依据，当地行政法规制定，就当地的文化厅、文化局、文化站，乡镇的文化站就根据县文化局，它制定出来非遗法的第几条，下面是按照这个通知文件执行。这样的话，文化厅和文化局的执法队就有权利按这个第几条，抓你罚你。我早就提出来了，我说特别是党的十八大，十九大已经提出依法治国，十九大更强调依法治国，而且讲全面依法治国。所以我提出来非遗保护，各级的保护，要进入全面法制化，依法保护你本县本市本省的非遗。我说现在需要完备，需要执行这两大块。我大力宣传依法保护，就是非遗要强调依法保护，而前面说的有些东西带专业性的，那叫科学保护，不能完全靠别的保护，你又有科学又有技术，又有科学专业的规定，要分得很细。非遗分九类，保护的技术分别是什么？两大体系，一个是依法保护非遗，详细些说按照党的十九大全面依法保护非遗。一个是法制化，一个是科学化，这样目标就很清楚。

整体保护和文化生态保护区

文化生态保护区启动的时候,为了慎重我们建议叫作"文化生态保护实验区",不是试验区,是实验区,就像实验室似的。

《非遗法》其中有一条,就是第37条,很明确提到了整体保护。整体保护出来以后,我们宣传《非遗法》的时候,下边有很多工作人员就把它理解为一个单一的一种方法,说《非遗法》中非遗保护有好几种,一是项目保护,二是生产性保护,三是整体性保护。这种说法是不对的。整体性保护包括所有的保护,是指它有一个地区限制,或者一个民族族群的限制,它并不是一个方法,这是个大概念,跟普通保护方法不是一回事。所以,我们再次强调提出,大家很快就明白了,是要划定一定的地理范围,这个地理范围可能是小于一个县,有可能是两个县合并,或者是两个县各一半,或者是三个县三角地的地方。比如武陵山区,土家族苗族是有一块的,它跟行政区划不是一个概念,这要弄明白。按照特色,按照这个地方所有非遗的品类门类,把相近的聚合起来，形成一个完整的保护区。最初设想，如果我们把保护非遗都变成保护单项，最后非遗还都得消失。会变成什么呢？你到这个城市来以后，从二十几层大楼坐着电梯下来，看表演舞龙，表演完了再回到 20 层，你只看到一小部分，这个大环境全变成现代化了。

保护表演一个小项目，保护得特好，绝对是原汁原味，绝技还在表演。但这样，这个地区的非遗并没回归生活，相关社区并没有开展起来这些表演。所以，大家一致认同，我也赞成，我们在福建找了一个地方做实验区，就是闽南。闽南的文化区不光是因为有妈祖信仰，最重要的是闽南地区是一个语区，特殊语言区，按照这个语言去追踪它的方言文化。这样就定了，定了就开始做。那个时候的委员会不是专家组，是副主任以上这个级别的。我们分了一下工，我们那时候一共有三五个人，就确定一人去调查一个，我负责闽南语和闽南信仰妈祖。然后论证到底从哪块开始划，漳州、厦门、泉州，就这三块，闽南组合重点指这个。调查完了以后，我画了草图。

那么这个标准是什么呢？标准就是：第一条它必须具有一定的自然生态保护。环境都破坏了，还给弄一个文化生态保护区，文化生态在脏乱差污染严重的区域，这不行。第一条是前提，它必须是自然保护有成就的地方。虽然没给它命名自然保护区，但它要对所有动植物保护到位，气候条件等都是比较良好的，生态要是这样的。这就是说，你评的是非遗的文化生态保护区，但是你要兼顾世界遗产里头那个自然遗产的保护，你可以不申报或者申报资格不够，但得按那个标准保护好。就像你不能说我们彝族住这个地方，我们文化传统很深，我们全体彝族都要斗鸡，那你就不行了。还比如，每年庙会会杀多少头牛，这都有问题，破坏农业生产。

第二条是物质文化遗产保护得如何。秧歌跳得不错，两座庙给拆了，那不行。包括整个区域内一共存有多少庙宇，多少古住宅建筑？这些都要普查，要够一定水平，不但没破坏，而且是保护得出色。例如某某人的古宅，谁谁的故居，特殊的吊脚楼，等等。

第三条是非遗项目保护如何。就这个地方说具体情况，比如潍坊，你那些项目多不多？保护得如何？

第四条是除了项目以外，其他非遗。其他非遗是什么意思？你那些非遗都不够申报标准，现在变成整体保护了，就不能说我们这个文化生态保护区一共有65个非遗项目，其中15个是国家的，21个是省级的……既然是整体保护，就得是虽然这里端午节没报非遗，你可能永远不报，因为我这是生态保护区了，我端午节一样过得好。我们这山歌不够高水平，但我们还是让唱山歌的艺人按非遗保护的要求活动，这就有很多附加条件了。你潍坊就不能整天放风筝，那不行，别的也得管。就是说，我们要求其他地方的生态保护区，当地虽然不会做风筝，也要保护放风筝的传统。所有非遗十大类，你可能九大类都不怎么样，但九大类不怎么样你也得做到。你可以永远不报，但你们保护区的，不比他报的那个差。比如说，我们这几个县报古琴没条件，但零星有些人玩古琴，我们就关心他，让他的古琴按照非遗的方式保护，我们给他资助。凡是非遗类的十大类里边的，民间故事没报，但我们老太太都会讲故事，做到这个要求才叫整体。不然的话，一个地方一共有45项非遗，45个项目保护得非常好，就像我说的，其他全都变成现代化了，那就不行，这是第四条。

第五条，第五条标准是我提的。文化生态保护区内的方言，方言的文化一定要保护好，没有这个特色的话，也不行。有些专家不同意这点，说普通话还没推广完，你又提出方言来了。我说你要整体保护必须这样。苏州你要整个保护的话，今天来段评弹啊，都是苏州普通话，那不行。那人说，大家来了都说听不懂，我说我就是听的这个味儿。艺术门类本来就这样，你为什么能听懂《我的太阳》呢？帕瓦罗蒂唱你怎么也鼓掌？感动得不得了，你听懂了吗？弄明白了吗？音乐、舞蹈那是一听一看就明白了，无国界。所以，属于非遗类的，特别是表演类的一定要用当地方言。口头技艺传承，当初学的时候，师父就要用方言传授。你们当地有什么特殊名称？我常常问。你们当地的民俗风俗叫龙卷风叫什么？叫龙吸水，就是湖水一个柱子直接上天去。这是个多形象的词语。这说明有些非遗，必须用方言土语表演。

用本土话把它表述出来，这很简单。东北真正的非遗名称，有一个是一个，叫你笑得肚子疼，你就得用那个，不是那个就说不清楚。所以，我首先就主张这点。我说闽南文化生态保护区必须从孩子抓起，说闽南话，这个你要是做不到，你那个南音，福建唱南音全是普通话，像唱流行歌曲，那叫非遗吗？我的意见是正确的。闽南到北京来专门申请并得到了批准,在泉州为闽南文化生态保护区办了一个闽南语广播电视台,从头至尾报节目、报时间,包括天气预报百分之百地说闽南话,不是闽南话就别在这里播。这是我到北京帮他们办的,办成功了。第一次开播的时候是我给启动的,泉州市委书记让我启动,我说你教我几句闽南话,我前面哪怕用闽南话问个好也好一点。后来我发现我那个音怎么也弄不好。我学方言只觉得闽南这话难学,因为什么?它的方言是独特的入声字,八个音节。闽南话的方言是以漳州话为主的,所以必须到漳州请广播员当播报主持人。他们说出来一听,说这闽南话说得漂亮!所以广播电视台播出的时候,台湾人就说,看看大陆闽南语保护的,咱们台湾好多都说国语了!台湾的闽南人都说这个语言也要保护。

现在山东潍坊,让他们的非遗表演艺术类的尽量都要保护,要用潍坊的话。上海我就早早告诉他们非遗处了,不要声张,要对上海话加强保护。因为什么?我去看过,带专家专门考查,我到越剧院沪剧院,老演员王文娟她们跟我谈的时候都哭啊,招不上学员,上海娃娃没有一家家长愿意让孩子学越剧、学沪剧。特别是沪剧老演员,哭着说沪剧完了,没有接续的。就这个问题,后来我给他们出了一些招,他们去做了。转年我又去上海,又到这个沪剧院去看,那小男孩唱沪剧,嗓子非常棒,道白说的上海土语,非常漂亮。那孩子 14 岁,演出非常成功。我就找那小男孩谈话,我说你好好练很有出息,将来沪剧团的这些奶奶、叔叔们把你当台柱子啊,明星啊,是不是?他告诉我说:"爷爷啊,我跟你说真话,再过两个月我就跟爸爸妈妈走了,我们是安徽人,在这里打工。我在上海念小学,我跟同学们学不着,是跟上海的这些老师们、奶奶们学,她们教给我怎么说上海话,我就会说戏里边的上海话。我说的那个剧目里头的话,我唱的那个唱词,是这么来的。下来说的就是安徽普通话了。"后来那个老艺人,就是那个传承人,就跟我说,他们那个团的团长,60多岁的老人,那是名旦角啊,可厉害了,非常喜欢这些孩子,说宁可出钱让他当演员。人家父亲不让啊,非走不可,不打工了。我说这事我们没办法,白培养了。还有一个比这个孩子岁数大,也还行。但是也是外地的,是湖南人,后来到了越剧团那边。我一了解,王文娟说也全是外来务工的孩子,将来谁来唱?我就拿这个来说明,就是要保护方言土语文化,这是非遗最要害的东西,不能过分强调普通话。我说普通话的重点是哪些呢?公务人员、企业人员,他要有横向的交往。官员你必须说普通话,但是为了真正做工作要做到细,加上有扶贫要到农村,上海政府人员公务员应该掌握两门语言,必须说好当地的话,才能做好扶贫工作、农民工作,保护农村的工作。

文化生态保护区是在这么个标准下出现的,而且还是有效的。现在比较好的,我认为还是湘西武陵山区。我在那个保护区待了一夏天,全民传承非遗都明白自觉。要是出现一个节日,他们不存在表演的问题,男女老幼一起上,他们不是培训出来的,全都会。尤其那个土家族,有个县拨钱盖的传习所,古色古香好漂亮,大家都能去那里练习。我参加他们一个节日,五六天的时间,老巫师做得非常好。他们那个县的县委书记主持这个活动,他讲话我还长了知识,他用当地普通话讲,我听懂了。他是湖南湘西的。他讲什么呢?他说,我们的县作为文化生态保护区,有很多继承下来的优点。比如我们的土家语和当地的汉语,我们的生活还有很多不同制度,当年大家都记得,年轻的还都不知道。很早以前,我们这个地方就有不同的治理方法。我们是少数民族,是土司的头人制,汉人是汉人制,各治各的,风俗习惯都不一样,所以才保留下来我们这个地方的非遗。确实,他们过去的非遗,汉族是汉族过自己的,土家族也过自己的,很丰富,天天都有活动。我觉得,文化生态保护实验区是个方向,但是难度大。一开始选址和选文化项目,都是要认真论证。为什么呢?因为我发现,有的省不具备条件,但条件不具备也要做,原因是有这个保护区会得到资金支持,还有很多优惠政策。这就容易多了。

所以,发展到今天就发现,保护区的优点就是整体确实能达到,但是如果不得当的话,整体也达不到。闽南的文化生态保护区,我们当初设计很不错的,但是唯一一个错误或者失误偏向,就是把地盘搞大了。当时我是不主张的,我认为就泉州做合适,漳州已经把古建筑拆得一塌糊涂了,全都是新的,这个地方语言保留还可以,很多非遗项目是在泉州,报世界遗产保护也是泉州报,南音等都是泉州报的。我这样主张,但大家不同意,说为了将来整合闽南地区非遗,我说不好管理。我说我们必须要有伸缩性,实验区我们先定一个泉州,发展到一定时候可以考虑扩大,一带就带起来了,不是太难的。这样的话,我当时提的最重要的意见就得罪了厦门，我说厦门严格讲都不够非遗文化生态条件，大量的现代化，包括鼓浪屿，现代文明的东西超过了传统。这种情况下，包括进来不合适。但是领导们还十分看重厦门，厦门领导在开发闽南生态保护区的时候，还跟我说：乌老，您和各位领导各位专家讲话的时候，要请排次序，应该是厦门、泉州、漳州，然后说闽南文化。非要把它摆在前头了。我讲话时我就把泉州放在前头了，我说以泉州为模式为基准为核心地区，是文化空间的核心，中心地带。这个弊病最后看来还是因为大，他们自己也承认了，大的没法管理了，三个地区协调都不好协调，泉州就感觉很被动，背包袱。如果单独做的话，可能发展得非常好。

所以，我觉得从经验教训来看，文化生态保护区在实验区阶段还是尽量范围小一点，不要太跨省跨市跨县。再一个就是一定要把握住文化生态的基本概念，文化生态最重要的是有标准。日本的文化生态有一个指标，就是江户时代，也都有记载，你必须看所有地方的文化活动、建筑样式，人们穿的服装基本上都是明治维新以前的，以这个模式为核心，文化活动也都是以这个为主，信仰也都是以这个为主，所以他们是有标准的。空间指文化场所，日本地方的文物基本上都是按照江户时代标准的，我们就没有这个要求了，所以，很现代的也都往进挤，量也不在少数。比如日本的婚礼，百分之百就是按当时的礼俗，穿的服装就是江户时代的服装。老丈人穿什么，公公婆婆穿什么，新郎新娘穿的，都是。婚礼完了以后，再穿西装、穿纱裙。穿上那个和服的时候，走路一定按照以前的老规矩走。我当时在日本参加了教授儿子的婚礼，他们冲着我点点头还微笑。东京大学的名教授,第一次当老公公,虽然觉得有些不自在,但是一直坚持。这才叫文化生态保护区,真正让你感受到遗产还活着,生活在这个空间里头。

第八章

非物质文化遗产保护传承的发展趋势

非遗保护要进入生活

非遗的保护，最终成功与否，就在于它能不能进入生活。

政府也好，单位也好，把它变成一个工作去干，把它把在手里当成事务在干，就是没进生活。生活的意思是我奶奶逢过年包饺子，八月中秋又做月饼了，今天不吃饺子了，自然而然的。你那是天天表演，今天表演饺子，明天正月十五又表演元宵，老是表演。千家万户都吃饺子，千家万户都吃汤圆，就不存在什么非遗的问题，非遗进生活自然生活化了。写一堆纸，天天讲，干啥呀？起什么作用啊？生活需要它，自然它跑不了，生活不需要它，它就淘汰，没办法。不是说我们从中央到地方都号召了，这剪纸就家家挂上了。那没有必要。也要容许我不在家里挂，我把剪纸变成一个最好的图案，我搁在法国时装的一个领子上，这就挺好。

非遗究竟传承什么

　　严格说起来，人家外国也学我们很多东西，咱们值得骄傲的东西也不少。我们保护的这些年，还是有成就的。我们最大的问题在哪呢？就是我们的教育没跟上。这里头最突出的是什么？我们的非遗，非遗的精华，在保护初期就没有直接做到广泛宣传和弘扬上。国际上特别强调宣传与弘扬，我们的普及性不够。所以，过去没有人动员他去做，是因为社会风气已经形成这么一个环境。以前都听京剧，他不当票友也是票友，都会哼几句的，一听到马上说，噢，余叔岩的。这老先生都很久没听他的了。就是生活里头充满了这个。我们曾取缔了，是连听众都被取缔了！手艺也是，没有把最精美的东西当成最好的东西宣传，在生活当中展现它、用它。比如装饰品，哪怕有别的高级的装饰品，但到了今天，你叫他选择拿下来他都不愿意拿。我认为，在今天不过时。我们没有培养一整代继承传统的人，这个链条断裂了，引领的也逐渐不敢引领了。我们把历史上所有好的东西继承下来，包括道德情操等都继承下来的话，就不致失去啊！怎么能失去！

这里最大的问题就是我们民族文化里边优秀的传统，特别是精神，那些好的东西我们要一直延续下来。我们有时人为破坏了它，我们尽量逃避它、回避它，让孩子们远离了一代又一代。这就造成几代断档，最后要过节了不会过节，一过节看到雄黄酒就说是毒药，就不知道当年喝雄黄酒那个含义是什么，它就是辟邪去毒解毒的。

发展是接受先进文明的那一部分，淘汰它那个落后的东西，然后有节制地管理就行了。我们常常忽略二分法，优秀的可利用的东西，好的就是好东西。现在吗啡还是治病的，管制给的，医生开处方，市场上不卖。但医院里头必须有这个药。就讲这个道理，有些东西不要一棍子打死，它在某些地方是有用的，它有好的作用。这个道理在非物质文化遗产上也是这样。非遗上就是说要把优秀的东西搁到今天，依然是好东西，这个观念得树立。非物质文化遗产那么多的好东西，今天仍然是好的。剪纸现在我们光表演了，而忽略了剪纸在生活中能不能有用途，按照原用途发展可以，衍生品发展也可以，是吧？一个很好的古老的图案，适合于结婚时候用，还是拜寿时候用？你把这个转移到家庭别的什么装饰上，不在玻璃上贴了，还有用，这就叫发展，就一定掌握这个规律才行。我们的非遗保护与发展，这个发展是有前提的，是在发展之后仍然是中国元素，是中国风格、中国特色的新东西。是老年人喜欢、年轻人照样也喜欢，应该是这样的。

从民俗文化思考非遗发展

今天非遗的发展，我是从民俗文化上去思考。为什么呢？还有个根据，联合国非遗保护公约的诞生，最早是根据日本的文化保护，他们叫无形文化，它的文化包括三个内容。第一个内容是有形文化，相当于我们国家的文物和遗址之类的。就是有物质形态的、有固定位置。像天坛、故宫这些。故宫里有的一些文物这些东西，这属于有形文化。

无形文化是我们的非遗，它还有个最重要的被许多人忽略的民俗文化，民俗里边又分民俗文化有形的和民俗文化无形的。实际上，在我们国家没有启动非遗保护工作，没有这个概念的时候，我在日本学术交流期间已经多次参加过他们的非遗会议。他们申报的"能"，能乐、能剧这个面具的时候，那个我参加的。我的发言，重点是给他们的申报里头补一个空，就是中国古老的"傩"。是傩面具戏传到你们日本的，以后你们才有的这个。我要讲源，要讲流，他们服气就在这儿。我讲的这些东西，后来他们有些人来中国到贵州去看，才觉得中国的这个很厉害，民间到处是这个。我就说日本的法律是完备的，我们把非遗拿过来只继承这个非遗的部分，他们保护法是从有形到无形到民俗。我们民俗呢，最终变成了非遗中的一个项目。为什么把非遗割裂了呢？非遗还有民居啊！民间的一些生产、生活用具，比如说农具是民俗管。我们只有这个农具，只有这个镰刀，只有这个粪筐子，只有这个才能告诉你怎么拾粪、怎么割麦子、稻子，这个是民俗。它们生活中是什么样？平时怎么拿着？是什么时候磨？什么时候挂起来不用了，又换什么工具？这不就是民俗吗？是农业文明中的民俗。所以，民俗是既管物质的，也管非物质的。日本执行这个保护法，是由民俗学家在指导的，而我们就只管一类。

非遗未来的发展趋势

比如现在，本真性保护不许说了。联合国提出的，因为本真性它自己内部也在往前发展。就是这个习俗再古老，真正保护是自然而然的让它就往前走。这很容易理解，一个老奶奶今年120岁还活着，她不是活在清代，她已经活在现在的新时代了。她身上有很多变化，那些个变化是自然而然的，自然而然过渡过来了。

我掰开揉碎要说这个遗产的作用是在这里，可持续发展的是这个。保护非遗不是我现在就要用这个大跃进时候的暖壶，就因为是竹皮的，你那再现代化，我就非要用它。这个是反面教材。现在连乡下都用电饭煲了，大米饭不像原来那么做了，但他们是一下一下、一点一点过来的，很自然。有人就歪曲，认为保护非遗最终是让我们都回到过去过穷日子，没这个意思。因为你现代化生活里头，那些古代最出彩、最好的，也证明是真正好的东西你给扔了，扔了是由于时代原因。不许过春节，不许过端午节，这个节日很好，你就过呗。就是到了25世纪过也还是好东西。

中国为什么加强文化修复？我们有责任修复。有时候很多人说这老爷子多余管这事，已经没了就没了呗。那节不过就不过能怎么地？那不行的！将来你就会知道了，就会后悔了。

实际上我们现在保护非遗，至少让我们自己尊重自己的优秀传统，让外国都理解我们的传统，让他们也尊重我们。而不让他们觉得说中国人怎么这么没素质，到一个地方乱吵吵，吃完东西扔到处都是……这些可不是一个简单的事，就说明连自己的祖宗规矩都忘了，你还有什么可说的。所以，我们应该是非常文明的人，越是古老文明，仍然对我们今天有用，越是世界现代的文明，因为你才知道它的好处在这里。

非遗的中国成就与展望

中国的非遗数量，我们绝对是占优势。这一点对于鼓舞我们自己本民族的自信心，是起到很大作用的。同时也作为联合国的缔约国在国际上为我们赢得了好名声。为什么呢？我们批准的那些个非遗项目，当外国人认识了以后很赞叹，认为非常精美，特别是手工技艺。他们认为东方特色太突出，他们西方人没法做出来，觉得这是中国独特的美。

我们申报了包括我们中华民族的特技，特别出色的东西，都是特殊的，只有我们自己有。比如说世界音乐共通的，但是中国汉族和其他几个民族的发声法是世界独一无二的。蒙古族的长调他们就觉得很奇怪，呼麦的双声音，一个最低音出来，同时一个金属声爆发出来。我们小时候都学，我们学不是按音乐学的，是按念经学的，最早起于读经。他藏族读藏经，我们蒙古族的喇嘛也读藏经，都是学藏文，只有包头现在一个寺庙用蒙文读。所以，我们国家把包头那个寺庙的读经，评上国家级非物质文化遗产了，因为它是蒙古族唯一一个,只有在那个寺庙里头,信众还有蒙古族的老乡进去后能跟喇嘛一起念经,其他寺经书是藏文的,念不了。这是唯一批了一个宗教的,难得用本民族的语言啊!像这些东西,我们注意到这就是我们自己本民族为人类保护下来很多独特的遗产,稀缺性的东西。

再比如说侗族大歌,侗族大歌的和声,那里的孩子们生下来以后到六七岁的时候,一张口,自己的声部就能找到,他能找出自己的声部。全世界的演出,最了不起的合唱团,你都得有个音叉。合唱团都在编目上有个音叉,轻轻打一下,"嗒"一声,指挥才能指挥出现和声。我们侗族大歌出去到联合国巴黎教科文组织总部去演出,巴黎市的市长夫人亲自在台下起立,给我们的小孩鼓掌。我们是六岁到九岁的孩子唱歌。法国人多挑剔啊,欧洲人对音乐很敏感的。他们都说没听过,没有见过这么好的和声。但一问孩子们,孩子们不识谱,也不知道什么叫五线谱,他们一张口,声音一起来就知道自己的声部,谁领唱声音都能找到,这就是独特的。还有咱们维吾尔族的木卡姆,我们到联合国教科文组织总部演出,用的不是最有名的那个团,那个木卡姆团唱得非常好,特别是木卡姆的第二幕,演唱得特别好。出国演出,我们的非遗音乐类评委田青他们就说不能拿这个高精尖的,我们必须拿维吾尔族民间的,这次选了下边几个老人,七八十岁的白胡子老人,坐下唱刀郎木卡姆,咱们国家选送刀郎木卡姆到国外演,那也是全体起立。那些老人后来热泪盈眶,说我们居然能在法国首都巴黎唱木卡姆,而且是刀郎木卡姆,是民间最土的木卡姆。演出时那些歌的组合，配器、手鼓综合起来，那个木卡姆远比宫廷的木卡姆受欢迎。我们要拿那个宫廷的，恐怕人家就有看法了，你拿的是少数人的，你的社区在哪儿？我们那次在巴黎演出，就是一老一小赢得现场的人赞扬。老的就是木卡姆，他们演出时的大照片现在在基层村子里都挂着，就是这些老人刀郎木卡姆的。咱们知道的刀郎是歌手，到他们那地方，就给自己艺名改为刀郎，我就叫刀郎。原来很多人不知道那是民间歌唱的一个品种的名字，给叫成人名了。表演的都是绝活，是欧洲人想学也学不来的。

这是表演艺术，其他就是中国工艺。中国工艺很精细，尤其是中国的木工。原来我们不觉得，现在他们看我们的红木家具，认为是很科学的。为什么呢？中国古代画上的人和清代的那些官员，跟他们谈判的时候腰板溜直啊，李鸿章那椅子，特棒。就讲那个美，造型的流线型，狐腿的那个支架的力度，你什么样的四条腿的都要倒，唯独狐腿它就倒不了，你怎么碰都不倒。就是呈现那个狐狸脚的最后伸出那个形态，是用了仿生学。就说中国古代匠人从动物身上能找到家具制作技术灵感，这些地方都是令人吃惊的。

咱们往往是见物不见人，我们一提就是展览，把咱们真正明代的拿出去，都是这个方式。古琴咱们出去展览会拿唐代那个，但真正厉害的不是那个琴，你要出去讲，那个制琴家，讲古琴的非遗包括制作在里头。弦音是什么？这个琴箱共鸣箱为什么要这么做？出来的声音的回声是什么样？能产生什么效果？这才是真正精华，才能证明几千年前，我们已经发明到这个程度了。咱们自己就有很多人看不起古琴，古琴的学问不是你吉他能比得了的。所以，你拍的古装的电影，弹琴之前沐浴更衣等等，这都是民俗，都是非遗。

我们有很多值得弘扬的，不是光给外国人看的，也是可以让本民族骄傲起来，民族自信心、自尊心提高的本钱。不能老贬低非遗，有人说这些都是过去不用的，但提倡保护它咱们也得保护，这不能成为理由，要知道非遗今天还受用。今天我们都是"〇〇后"的孩子出去表演的，按照那种传承精神表演，人家很尊敬你、高看你，这么点孩子就有这样的精神状态，很了不起。

参考文献

1. 中华人民共和国政府,《中华人民共和国非物质文化遗产法》,中国非物质文化遗产网,2011。

2. 乌丙安:《非物质文化遗产保护理论与方法》,文化艺术出版社,2016年。

3. 乌丙安.丙安小屋－爱屋及乌、爱乌及屋都好,https://www.chinesefolklore.org.cn/blog/?wubingan。

4. 江帆:《乌丙安在民俗学研究上的突出贡献》,中国民俗学网,2013-07-15。

5. 杨秀:《"大家乌丙安"与"大家的乌丙安"》,中国社会科学报,2015年1月19日。

6. 胡凌虹:《乌丙安:老骥伏枥,志在"非遗"》,上海采风,2012年12月。

7. 晓荷、巴义尔:《民俗学大家》,内蒙古日报,2011年9月1日。

8. 陶立璠:《中国民俗学会大事记》(1978—2009),中国民俗学网,2010年10月5日。

9. 王文宝:《关于创建全国性民俗学组织的情况》,西北民俗研究,2005年第3期。

后　记

十分荣幸为著名民俗学家、民间文艺学家、敬爱的学术前辈乌丙安先生做这本口述史书籍，与乌先生接触的经历将成为我一生宝贵的回忆。

我于2007年结识乌丙安先生，多年中常有工作联络。2016年，我开始筹划《非物质文化遗产学术研究——亲历者口述史》丛书项目，向乌先生发去邀请后，他爽快地接受了。这期间多次与先生沟通，得到了他的大力支持和指导。我记得2018年初，乌先生主动联络我询问进展情况。老先生对本书的惦念犹如对我的鞭策，我不敢怠慢。

现在我还能回想起乌先生现场讲述的情况。乌先生幽默风趣、谈吐亲切、讲述通俗又深刻；他记忆力很好，反应敏捷，思维活跃又开阔。乌先生对学术理解很通透，给人很强的代入感。还有闲聊中，他说他特别佩服诗人，因为他少年时也写诗。还赞同我回答他的问题，"如何把事情做好？""用心"。

虽然已经有抢救的意识和行动的步伐，这本书没有战胜时间。2018年的7月，乌丙安先生永远离开了爱他的我们。乌先生的离开太突然，让我措手不及，也让我遗憾不已。即便如此，几年中我一直努力推动图书的出版，因为也许这是乌丙安先生最后一部作品。

虽然乌先生没能看到书籍的出版，虽然我认为此书还有不完善的地方。无论如何，这本书的出版，是我对乌丙安先生的一个交代，也是将先生的心愿完成。本书以非遗为切入点，并努力展现了一个学者的人生史和重要历程，时间跨越很大，可读性很强。在这本书中，我保留了乌先生的语言风格，尽力还原一个真实的、开朗的、博学的乌丙安老师，希望能使接触过他的人，一看到本书，就像听到他的讲述。

乌先生爱护小辈学人，对我的关心和肯定，使我非常感动。他特意向我母亲表扬我，评价我是"优秀的好姑娘"，这是对我的最高褒奖。在我印象里，乌先生勤奋治学，身体力行，性格达观又有韧性，是既有人格魅力又有渊博学识的学术大家。他将是我一生仰望的学者。

刘 勍
写在 2020 年初夏